PREFACE

우리나라 기업들은 1960년대 이후 현재까지 비약적인 발전을 이루었다. 이렇게 급속한 성장을 이룰 수 있었던 배경에는 우리나라 국민들의 근면성 및 도전정신이 있었다. 그러나 빠르게 변화하는 세계 경제의 환경에 적응하기 위해서는 근면성과 도전정신 이외에 또 다른 성장 요인이 필요하다.

한국기업들이 지속가능한 성장을 하기 위해서는 혁신적인 제품 및 서비스 개발, 선도기술을 위한 R&D, 새로운 비즈니스 모델 개발, 효율적인 기업의 합병·인수, 신사업 진출 및 새로운 시장 개발 등 다양한 대안을 구축해 볼 수 있다. 하지만, 이러한 대안들 역시 훌륭한 인적자원을 바탕으로 할 때에 가능하다. 최근으로 올수록 기업체들은 자신의 기업에 적합한 인재를 선발하기 위해 기존의 학벌 위주의 채용을 탈피하고 기업 고유의 채용 제도를 도입하고 있는 추세이다.

신협에서도 업무에 필요한 역량 및 책임감과 적응력 등을 구비한 인재를 선발하기 위하여 고유의 필기시험을 치르고 있다. 본서는 신협 채용대비를 위한 필독서로 신협 필기시험의 출제경향을 철저히 분석하여 응시자들이 보다 쉽게 시험유형을 파악하고 효율적으로 대비할 수 있도록 구성하였다.

신념을 가지고 도전하는 사람은 반드시 그 꿈을 이룰 수 있으며, 처음에 품은 신념과 열정이 취업 성공의 그 날까지 빛바래지 않도록 (주)서원각이 수험생 여러분을 항상 응원합니다.

STRUCTURE

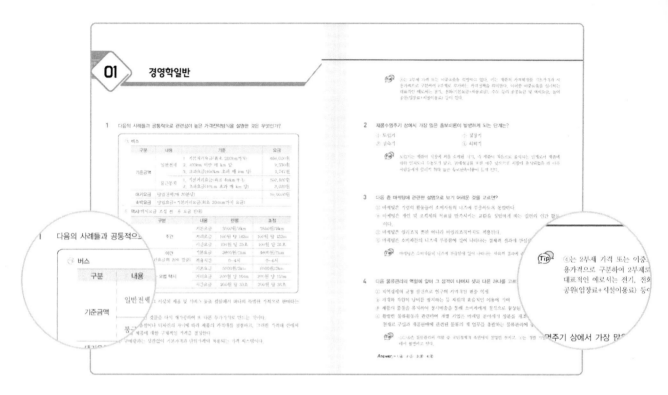

출제예상문제

각 영역별 출제가 예상되는 문제를 엄선하여
수록하였습니다.

정답 및 해설

매 문제 상세한 해설을 달아 문제풀이만으로도
시험 대비가 가능하도록 구성하였습니다.

CONTENTS

PART **I** 신협 소개

01 기업소개 8
02 채용안내 15

PART **II** 경영학

01 경영학일반 20
02 조직행위 48
03 생산관리 78
04 마케팅관리 104
05 인적자원관리 130
06 재무관리 157

PART

I

신협 소개

01 기업소개
02 채용안내

01 기업소개

신협

(1) 신협이란

① 신협은 한국의 서민, 중산층을 위한 대표적인 비영리금융기관이다.

② 신협은 믿음과 나눔의 정신을 바탕으로 서민과 중산층을 위해 비영리로 운영되고 있는 협동조합 금융기관이다.

(2) 사업분야

① **금융사업** … 신협은 조합원을 위한 다양한 금융업무를 수행하고 있다. 조합원과 비조합원을 대상으로 한 예탁금과 적금의 수납, 조합원에 대한 대출, 내국환, 국가, 공공단체 및 금융기관의 대리업무, 유가증권, 귀금속 등을 보관해주는 보호 예수업무, 어음할인 업무 등을 수행한다.

② **공제사업** … 공제(共濟)란 협동조합에서 운영하는 비영리 보험이다. 신협은 조합원의 생활 안정과 재난 대비를 목적으로 공제사업을 실시하고 있다. 신협의 공제사업은 저축의 다양화와 위험 보장에 대한 조합원의 욕구를 만족시킨다.

③ **지역개발사업** … 신협은 유통사업과 공동구매 그리고 농산물 직거래 사업에 이르기까지 조합원의 생활의 질을 높이기 위해 여러 활동을 전개하고 있다.
　㉠ 공동구매, 유통사업, 창고업 및 장의업, 기타 이에 준하는 사업
　㉡ 생산자의 생활보장과 소비자의 안전한 먹거리를 위한 도시와 농촌간의 농산물 직거래

④ **문화후생사업** … 신협은 이익의 사회환원을 위해 조합원과 비조합원 모두가 자유롭게 이용할 수 있는 각종 서비스와 편의시설을 제공하고 있다.
　㉠ 주부대학 및 취미교실 등 사회교육 시설의 설치 및 운영
　㉡ 탁구장, 테니스장 및 체력단련장 등 생활 체육시설의 설치 및 운영
　㉢ 예식장, 독서실 등

⑤ **사회복지사업** … 신협은 이익의 사회환원을 위해 조합원과 비조합원 모두가 자유롭게 이용할 수 있는 각종 서비스와 편의시설을 제공하고 있다.

ㄱ 보육시설, 노인 및 장애인 복지시설의 설치 및 운영
ㄴ 재활용품 수거, 재생화장지 및 무공해 비누 공급 등 환경보전 운동

2 신협이념

(1) 경영철학

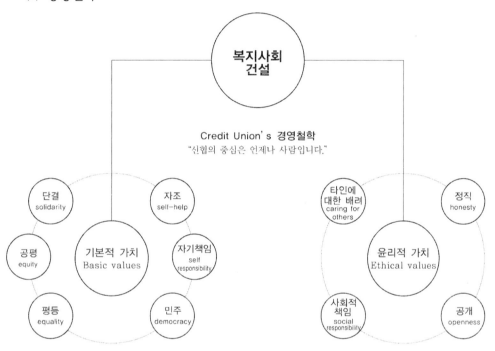

(2) 신협운동의 3대 정신

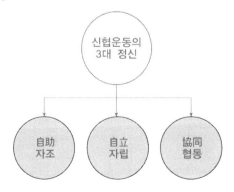

(3) 신협운동의 실천과제

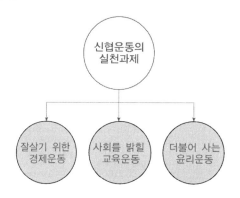

3 운영원칙

(1) 협동조합 조직구조

① 조합원 소유 – 신협 및 금융협동조합은 그 서비스를 사용하는 소비자가 소유한 금융기관이다. 모든 조합원은 협동조합금융기관의 주인이다. 신협은 자주적인 비영리 기관으로 법과 규정에 따라 협동조합으로 인정받고 있으며, 조합원을 위해 운영되며 조합원에 의해 관리된다.

② 조합원에 의한 관리 – 신협 및 금융협동조합은 조합원에 의해 관리되는 민주적 조직이다. 조합원은 대표자인 이사회 임원 선출과 기관의 운영에 적극적으로 참여한다. 조합의 대표로 선출된 남녀는 조합원의 대표로서의 책임이 있다.

③ 민주적 관리 – 신협 조합원은 예·적금 및 거래액 규모에 관계없이 1인 1표의 투표권을 가지며 조합 운영에 영향을 주는 의사결정을 동등하게 참여할 권리를 갖는다. 1인 1표 원칙은 협동조합이 더 다양한 조합원의 요구를 대응하도록 보장해주는 원칙이다. 조합을 지원하는 기구 또는 계통 조직에서의 투표권은 민주적 원칙에 따라 비례제 또는 대의원제로 할 수 있다.

(2) 조합원에 대한 서비스

① 금융 포용성 – 신협 조합원 가입은 자발적이며 공동유대에 소속되어 있고 조합원으로서 관련된 책임을 수용할 수 있는 자들은 모두 가입할 수 있다. 신협 및 금융협동조합은 인종, 국적, 성별, 종교, 정치 등의 영역을 포함하면서 (이에 한정되지 않고) 모든 영역에서 차별하지 않는다. 신협은 취약한 계층을 포함한 모든 이에게 적정한 금융 서비스를 제공한다.

② **재무적인 안정성** - 신협은 조합원들에게 계속적인 서비스 제공을 할 수 있도록 충분한 적립금을 확보하고 내부통제를 하는 등 재무구조를 강화하는데 주된 관심을 둔다. 신협의 경영활동에 따라 남은 잉여금은(운영 및 잠정 비용 차감 후), 조합원 출자금에 대한 적정한 배당 및 조합원 저축 및 예금에 대한 적정 이자 지급 후, 적정 잉여금 수준을 유지해야 한다.

③ **조합원의 경제적 효용 극대화** - 저축을 통한 근검절약을 장려하고 저축 및 예금에 공정한 이자를 지급하면서 여신 및 기타 서비스를 제공한다. 신협의 재무적 안정이 지속될 수 있는 요건을 충족하는 가운데, 모든 조합원이 경제적, 사회적 복지 향상을 추구할 수 있도록 적절한 가격의 서비스가 제공되어야 한다.

(3) 사회적 책임

① **금융에 대한 이해력 제고** - 신협은 조합원 및 임직원의 경제적, 사회적, 민주적 그리고 전문적 개발을 위해 적절한 교육을 제공한다. 금융에 대한 이해력 제고를 위한 훈련 및 교육은 조합원이 절약, 대출 및 여신 결정 과정 및 재무 계획과 예산수립 과정에서 현명한 결정을 내릴 수 있도록 도와준다. 조합원들이 금융 자산과 관련하여 효과적이고 현명한 결정을 내릴 수 있는 지식과 기술을 제공하는 것은 조합원 필요를 충족하기 위한 필수적인 조건이다. 신협은 또한 조합원의 권리와 책임에 대한 교육을 제공한다.

② **네트워크를 통한 협동** - 신협 및 금융협동조합은 협동조합의 철학을 유지하면서 자원과 전문성의 공유로부터 발생하는 경제적, 효율적 우위의 이익을 향유하고, 조합원과 지역사회의 권익에 최대한 기여하기 위하여 다른 신협, 협동조합 및 그 계통조직들과 지역적 국가적 국제적 수준에서 적극적으로 협동한다.

③ **지역사회에 대한 책임** - 협동조합 정신은 자조, 상조 그리고 취약계층 경제권 강화의 이데올로기를 지원한다. 경제권 강화의 비전은 개별 조합원과 그들이 일하며 거주하는 지역사회까지 확대된다. 신협은 해당 조합과 조합원들이 소속된 지역사회가 더 확장되고, 건강하고, 정의롭고, 번영할 수 있도록 성장을 지원한다.

④ **세계적 비전** - 세계적 비전은 협동조합 금융기관들을 통해 개개인 삶의 질 향상을 가져올 수 있는 전 지구적 사회를 구축하고, 옹호하고, 수호하고, 성장을 돕는 것이다.

4 VISION 및 MISSION

(1) VISION 2020

VISION 2020
협동조합의 참다운 모델
상호금융의 진정한 리더

> 신협은 자본보다는 사람을 중시하는 협동조합 정신에 맞추어 인간의 사회경제적 차별과 소외를 극복하고자 하는 인본주의에 기초하여 설립된 조직이다.

> 신협은 동질성과 결속력을 바탕으로 경제적 활동을 통해 구성원의 삶의 질을 향상시키기 위해 조직된 생활 속의 열린 결사체로서 영리를 추구하는 주식회사와는 차별적인 특징을 지닌다.

① 가치(質)를 바탕으로 효율적 성장(量)을 추구

신협은 금융 가치에 국한하지 않고 구성원의 삶의 질을 향상시킬 수 있는 다양한 가치들을 창조하고 그것들이 분배될 수 있도록 노력한다. 신협은 가치창조를 핵심경쟁력으로 하여 효율적 성장을 추구한다. 효율적인 성장은 당초 기대를 넘어서는 뛰어난 성장, 상대적으로 작은 마케팅 비용을 지출하여 경쟁자와의 격차를 확실히 벌려놓은 성장을 의미한다. 따라서, 신협은 가치를 바탕으로 성장을 추구하는, 즉 성장과 발전을 동시에 추구하는 것을 지속 가능한 경영원칙으로 한다.

② 합리적 호혜성 및 보편적 공공성 실현

합리적 호혜성은 조직 구성원 상호간에 특별한 편익을 주고받는 관계를 맺음으로 해서 얻어지는 상호간의 이익이다. 또한 그것은 공정한 가치제공과 형평적인 가치배분을 통하여 이루어지는 상생의 결과물이다. 보편적 공공성은 동질간의 협동과 이질간의 연대를 통하여 개인적 수준을 넘어 사회적 관계에 두루 미치는 역할 및 영향력이다. 그리고 그것은 지역사회의 지속가능한 발전을 위해 경제, 사회, 문화적으로 행하는 일련의 사회적 책임활동이다.

③ 협동조합 철학과 정체성 실현

신협은 협동조합 철학과 자본주의 원리의 조화를 꾀하는 경제적 생활공동체로서 지역사회에서 협동조합의 정체성을 선도적으로 실현하여 협동조합의 참다운 모델이나 상호금융의 진정한 리더가 된다.

(2) MISSION

'우리는 오직 조합원과 지역발전에 도움이 되는 일을 한다.'

① 신협은 조합원의 경제적 성공을 지원함으로써 조합원의 삶의 질 향상과 지역 사회의 지속 가능한 발전을 위해 존재한다.

② "만약 우리 조합원이 다른 금융기관에 가서 더 나은 거래를 할 수 있다면, 우리는 여기에 존재할 가치가 없다"라는 점에 진정으로 공감하고 지속적인 성장과 혁신을 도모한다.

③ 그리하여 신협은 오직 조합원에게 도움이 되는 일을 하기 위하여 조합원이 바라는 것을 찾아내고, 창조하고, 제공하는 일련의 노력을 해나간다.

④ 먼저 조합원이 바라는 것을 찾아내기 위해서는 사회경제적으로 약자의 입장에 있고, 소외받는 사람들로부터 근로자, 자영업자, 중산층에 이르기까지 다양한 조합원들의 입장과 처지, 그리고 이해관계를 우선적으로 염두에 둔다.

⑤ 다음으로 조합원이 바라는 것을 창조하기 위해서는 임직원들의 전문적인 역량과 윤리적 행동을 바탕으로 조합원 지향적인 정책결정, 경영자원의 효율적인 활용, 소통과 재미가 넘치는 조직문화 정착등이 이루어지도록 한다.

⑥ 끝으로 조합원이 바라는 것을 제공하기 위해서는 정성스런 모심과 적극적인 살림의 정신을 바탕으로 인간중심, 약자연대, 공정분배, 상부상조 등 협동조합의 방향성을 잃지 않도록 노력한다.

핵심가치 및 미래상

(1) 핵심가치

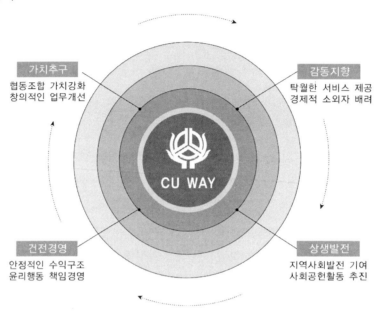

(2) 미래상

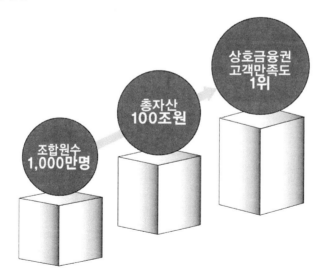

신협은 혼자서 빨리 가는 방식보다는 모두 함께 멀리 가는 방식을 지향한다.

02 채용안내

1 신협 인재상

(1) 신협의 인사비전

'우수한 인재가 신바람나게 일할 수 있는 직장'

(2) 신협이 제시하는 인사조직문화

① 일하는 자가 우대받는 문화 정착
   ㉠ 능력 있는 직원이 우대받는 문화 정책
   ㉡ 능력중심의 성과 배분
   ㉢ 성과주의 정착
   ㉣ 책임과 권한의 범위 확립

② 소통문화 정착
   ㉠ 타인을 배려하는 문화
   ㉡ 조합과 조합원의 입장에서 근무하는 인재양성
   ㉢ 협동조합의 근본이념 이해

③ 자기계발을 통한 우수인력 양성
   ㉠ 지속적인 교육을 통한 전문지식 함양
   ㉡ 전문화된 지식을 바탕으로 한 대조합 서비스 제고
   ㉢ 조직이 필요한 지식을 보유한 인재양성

(1) 전형절차 개요

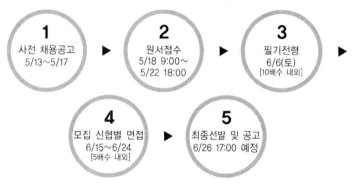

1. 사전 채용공고 5/13~5/17
2. 원서접수 5/18 9:00~ 5/22 18:00
3. 필기전형 6/6(토) [10배수 내외]
4. 모집 신협별 면접 6/15~6/24 [5배수 내외]
5. 최종선발 및 공고 6/26 17:00 예정

※ 세부 일정은 코로나19 추이에 따라 변경될 수 있으며, 변경시 cu.saramin.co.kr에 공지

① **1차** … 서류전형(입사지원서, 자기소개서) / 서류전형 합격자 발표 2020. 5. 29.(금) 17:00시 예정

② **2차** … 필기전형

    ㉠ **일자** : 2020. 6. 6(토) 10:00~12:00(서류전형 합격자 발표 시 필기시험 장소 및 시간 안내 예정)

    ㉡ **장소** : 필기 응시 지역 선택 가능(서울, 부산, 대구, 광주, 대전, 전주, 원주, 제주)

       ※ 접수 순으로 필기 응시 지역을 배정하므로, 특정 지역 응시자가 많은 경우 선택한 지역과 다른 시험 장소가 배정될 수 있음

    ㉢ **시험과목**

구분	세부내용
필수과목	일반상식 1과목
선택과목	경영학, 경제학, 민법(친족상속법 제외), 회계학 중 1과목 선택
공통사항	각 과목(필수/선택) 40문제 출제(4지 선다형)

    ※ 필기전형 출제 난이도는 대학 학력 수준으로 출제

③ **3차** … 모집 신협별 면접(2020. 6. 15.(월)~6. 24(수) 모집 신협별 면접 진행)

④ **최종합격자 발표** … 2020. 6. 26.(금) 17:00 예정

    ※ 각 전형별 합격자 발표는 cu.saramin.co.kr에서 확인 가능

(2) 입사지원서 접수방법

① **접수방법** ··· cu.saramin.co.kr에서 온라인 접수 (타 양식 및 이메일 접수 불가)

  ㉠ 지원서 작성 시 지원자는 「지원 신협」, 「선택과목」 반드시 기재 (※ 모집 신협별 중복 입사지원 불가)

  ㉡ 필기전형 선택과목 4과목 중 1과목 반드시 선택 (추후 응시지역, 과목 변경 절대 불가)

  ㉢ '16, '17, '18, '19년 신협중앙회 주관 「대학생 신협체험」 참가자는 최초 1회 서류전형 면제(지원서에 반드시 참가 여부 체크, 이전 공동채용에서 해당 행사 참가로 서류전형 면제를 받은 경우 지원서에 참가로 체크 시 불이익이 있을 수 있음)

② **온라인 입사 제출 자료** ··· 입사지원서 (자기소개서 양식 포함)

③ **지원서 접수기간** ··· 2020. 5. 18.(월) 09:00~5. 22.(금) 18:00 (18시 이후 지원 불가)

  ※ 지원서 미기재(또는 오기재), 임시저장 후 지원서 최종 미제출되지 않도록 유의하여 작성

(3) 지원자격 및 담당업무

지원자격	• 연령, 학력 및 전공 제한 없음(단, 기졸업자나 2020년 8월 졸업예정자가 아닌 경우 수료·재학·중퇴·휴학에 해당하는 학력은 최종학력으로 인정받지 못함) ※ 예시 - 대학 재학 또는 대학 수료→최종학력 고졸로 인정받음 • 최종 합격 이후 즉시 근무가 가능한 자 • 남자의 경우 병역필 또는 면제자 • 모집 신협 인사규정상 결격사유에 해당되지 않는 자 ※ 채용신협별 중복 입사지원 불가
우대사항	• 모집 신협 소재 지역인재 우대 ※ 지역인재란? 입사지원일 현재 본인·부모 중 1인의 주민등록상 주소지가 채용공고 신협 소재 지역에 주소를 두고 있는 자를 말함(입사지원서 입력 시 반드시 도로명 주소 기재) • 보훈대상자 : 관계법령에 의거 우대
담당업무	• 신협 업무 전반(신용사업, 복지사업, 조합원 교육사업 등)

※ 채용관련 문의

  ㉠ 채용사이트 'cu.saramin.co.kr' 「질문하기」 메뉴 이용

  ㉡ 신협중앙회 지역본부(지부) 담당자 연락처

지원지역	연락처	지원지역	연락처
서울	02-590-5768	광주전남	062-520-7707
부산경남	051-557-9057	전북	063-279-4623
인천경기	031-259-5518	강원	033-732-2131
대구경북	053-740-3848	제주	064-753-9891
충북	043-210-8003		

PART II

경영학

01 경영학일반
02 조직행위
03 생산관리
04 마케팅관리
05 인적자원관리
06 재무관리

경영학일반

1 다음의 사례들과 공통적으로 관련성이 높은 가격전략방식을 설명한 것은 무엇인가?

㉠ 버스

구분	내용	기준	요금
기준금액	일반전세	1. 기본거리요금(최초 200km까지)	466,000원
		2. 400km 미만 매 km 당	2,330원
		3. 초과요금(400km 초과 매 km 당)	1,747원
	통근통학	1. 기본거리요금(최초 40km까지)	130,480원
		2. 초과요금(40km 초과 매 km 당)	3,029원
대기요금	당일전세(매 30분당)		10,0000원
숙박요금	당일요금+기본거리요금(최초 200km까지 요금)		

㉡ 택시(택시요금 조정 전·후 요금 안내)

구분		내용	현행	조정
중형 택시	주간	기본요금	3000원/2km	3800원/2km
		거리요금	100원 당 142m	100원 당 132m
		시간요금	100원 당 35초	100원 당 31초
	야간 (주간요금의 20% 할증)	기본요금	3600원/2km	4600원/2km
		적용시간	0~4시	0~4시
대형·모범 택시		기본요금	5000원/3km	6500원/3km
		거리요금	200원 당 164m	200원 당 151m
		시간요금	200원 당 39초	200원 당 36초

① 두 가지 또는 그 이상의 제품 및 서비스 등을 결합해서 하나의 특별한 가격으로 판매하는 방식이다.

② 가치가 없던 것들을 다시 재가공하여 또 다른 부가가치로 만드는 것이다.

③ 제품의 품질이나 디자인의 차이에 따라 제품의 가격대를 설정하고, 그러한 가격대 안에서 개별 제품에 대한 구체적인 가격을 결정한다.

④ 구매량과는 상관없이 기본가격과 단위가격이 적용되는 가격 시스템이다.

④는 2부제 가격 또는 이중요율을 설명하고 있다. 이는 제품의 가격체계를 기본가격과 사용가격으로 구분하여 2부제로 부가하는 가격정책을 의미한다. 이러한 이중요율을 실시하는 대표적인 예로서는 전기, 전화(기본요금+사용요금), 수도 등의 공공요금 및 택시요금, 놀이공원(입장료+시설이용료) 등이 있다.

2 제품수명주기 상에서 가장 많은 홍보비용이 발생하게 되는 단계는?

① 도입기   ② 성장기

③ 성숙기   ④ 쇠퇴기

도입기는 제품이 시장에 처음 소개된 시기, 즉 제품이 처음으로 출시되는 단계로서 제품에 대한 인지도나 수용도가 낮고, 판매성장률 또한 매우 낮으므로 시장에 출시되었을 때 이를 사람들에게 알리기 위해 많은 홍보판촉비용이 들게 된다.

3 다음 중 마케팅에 관련한 설명으로 보기 어려운 것을 고르면?

① 마케팅은 기업의 활동들이 소비자들의 니즈에 부응하도록 통합한다.
② 마케팅은 개인 및 조직체의 목표를 만족시키는 교환을 성립하게 하는 일련의 인간 활동이다.
③ 마케팅은 영리조직 뿐만 아니라 비영리조직까지도 적용된다.
④ 마케팅은 소비자들의 니즈에 부응함에 있어 나타나는 경제적 결과에 관심을 지닌다.

마케팅은 소비자들의 니즈에 부응함에 있어 나타나는 사회적 결과에 관심을 지닌다.

4 다음 물류관리의 역할에 있어 그 성격이 나머지 셋과 다른 하나를 고르면?

① 지역경제의 균형 발전으로 인구의 지역적인 편중 억제
② 자재와 자원의 낭비를 방지하는 등 자원의 효율적인 이용에 기여
③ 제품의 품질을 유지하여 정시배송을 통해 소비자에게 질적으로 향상된 서비스를 제공
④ 활발한 물류활동과 관련하여 개별 기업은 마케팅 분야에서 상품을 제조 · 판매하기 위한 원재료 구입과 제품판매에 관련된 물류의 제 업무를 총괄하는 물류관리에 중점을 둠

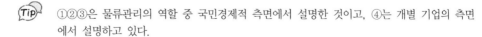
①②③은 물류관리의 역할 중 국민경제적 측면에서 설명한 것이고, ④는 개별 기업의 측면에서 설명하고 있다.

Answer ☞ 1.④ 2.① 3.④ 4.④

5 다음 중 M. Weber의 관료제에 대한 설명으로 가장 거리가 먼 것을 고르면?

① 문서주의 및 공사의 분리

② 직업에 대한 전업화

③ 고도의 계층적 구조

④ 일반적 지식

 M. Weber의 관료제
ⓐ 문서주의 및 공사의 분리
ⓑ 직업에 대한 전업화
ⓒ 고도의 계층적 구조
ⓓ 몰인간성 및 공평성
ⓔ 전문적인 지식
ⓕ 법규에 의한 지배

6 페이욜의 관리일반 원칙 중 책임은 관리자의 직위로부터 생겨나는 공식적인 것과 '지성, 경험, 도덕률 및 과거의 업적 등이 복합되어 있는 개인적인 요소의 결합체'라고 보는 것은 다음 중 무엇에 대한 것인가?

① Authority & Responsibility

② Unity Of Command

③ Scalar Chain

④ Division Of Work

 권한 및 책임 (Authority & Responsibility)에서 페이욜은 권한 및 책임이 서로 연관되어야 함을 알았다. 책임은 권한의 필연적인 결과이며 또한 권한으로부터 생겨난다고 본 것이다.

7 다음 기사를 읽고 밑줄 친 부분에 관련한 설명으로 바르지 않은 것을 고르면?

> 연구자들이 고개를 저었다. 방향을 잡기 어려워서다. 무대는 1924년 AT&T사의 자회사인 웨스턴 일렉트릭 호손(Hawthorne) 공장. 작업환경 개선이 생산성을 올려주는지 알아보기 위한 실험에서 연구팀은 먼저 작업장의 조명을 밝게 바꿨다. 예상대로 생산성이 높아졌다. 문제는 아무런 변화를 주지 않은 비교집단에서도 비슷한 생산성 향상이 나타났다는 점. 난관에 봉착한 연구팀은 1927년 전문가를 불렀다. 초빙자는 엘턴 메이요(Elton Mayo) 하버드대학 경영대학원 교수. 메이오팀은 노동시간 단축, 휴식시간 확대, 간식 제공 등 노동여건을 개선시켰다. 예측대로 생산성이 높아졌지만 뜻밖의 결과도 나왔다. 노동조건을 원래대로 돌렸을 때 역시 생산성이 떨어지지 않았던 것. 메이오는 실험의 주역으로 선발됐다는 여공들의 자부심이 어떤 경우에서도 고효율을 낳은 요인이라는 결론을 내렸다. 1932년까지 연구를 진행한 메이오팀은 이듬해 '산업화와 인간관계론'을 펴냈다. 종업원의 소속감과 안정감·참여의식이 생산성을 결정하고 인간관계로 형성된 사내 비공식조직이 경영성과를 좌우한다는 메이오의 주장은 파장을 일으켰다. 테일러식 과학적 관리와 포드식 대량 생산, 기계화와 자동화가 경영신앙으로 자리잡았던 시대였기 때문이다. 마침 대공황의 복판이어서 노동자를 중시한 연구결과는 더 큰 호응을 받고 생산성 혁신사의 전환점을 그었다. 오스트레일리아 출생(1880년)으로 의대 중퇴, 잡지 기고자를 거쳐 뒤늦게 심리학과 철학을 공부해 산업현장과 경영에 접목한 메이오는 1947년 은퇴한 뒤 1949년 9월7일 69세로 죽었지만 산업심리학이라는 새로운 학문 분야를 남겼다. 기계에 딸린 생산재로 여겨지던 인간이 경영관리의 중심으로 대우 받게 된 것도 그의 연구부터다.

① 위 공장의 실험으로 인해 인간의 사회적 및 심리적인 조건 등을 중요시하는 계기가 되었다.
② 구성원들 만족의 증가가 성과로서 연결된다고 보고 있다.
③ 기업조직은 경제적, 기술적, 사회적 시스템이다.
④ 공식 조직을 강조하였다.

 메이요 교수의 호손 공장의 실험으로 인해 인간에 대한 존중, 감성 등이 인정받게 되었고 이로 인해 비공식 조직을 강조하게 되었다.

Answer▸ 5.④ 6.① 7.④

8 다음 스코트(B. Scott) 교수의 2x2 매트릭스의 조직이론 중 개방-합리적 조직이론에 대한 내용으로 가장 거리가 먼 것은?

① 이 때 학자로는 번스와 스토커, 챈들러, 우드워드 등이 있다.

② 1960-1970년대의 이론으로 조직을 외부 환경에 대해서 개방체계로 파악했지만, 조직구성원들에 대해서는 다시 합리적 전제로 돌아갔다.

③ 환경을 이론에 반영해서 기업을 내적인 힘에 의해 형성되는 것으로 보게 되었다.

④ 이러한 패러다임은 현재에 이르러서 관료제적 사고의 틀을 벗어날 수 있는 조직과 관리의 이론으로 타 환경의 요구에 대응할 수 있는 방안을 제시해주는 상황적합이론의 관점으로 정리되었다.

> **Tip** 개방-합리적 조직이론에서는 환경을 이론에 반영해서 기업을 외적인 힘에 의해 형성되는 것으로 보게 되었다.

9 다음 중 자본주의 기업에 대한 내용으로 가장 거리가 먼 것은?

① 자본을 투자해서 가능한 한 자본의 가치를 증대시키려고 노력

② 시장에서의 불완전경쟁을 가정

③ 시장에서 생산요소를 구입하여 이를 내부에서 결합, 변화함으로써 재화 및 서비스를 생산 공급

④ 사적소유권을 지닌 자본가가 소유하는 사적인 경제단위

> **Tip** 자본주의 기업에서는 시장에서의 완전경쟁을 가정한다.

10 다음 국제기업환경의 영역 중 성격이 다른 하나는?

① 국제관계   ② 정치적인 이념

③ 경제에 대한 정부의 규제   ④ 국제분규의 관할권

> **Tip** ①②③번은 정치적 환경에 속하며, ④번은 법률적 환경에 속한다.

11 아래의 그림은 소비자 구매의사결정과정을 나타낸 것이다. 이들의 단계를 참고하여 아래에 제시된 사례를 가장 잘 표현한 것을 고르면?

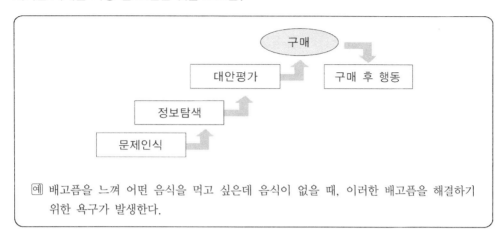

예 배고픔을 느껴 어떤 음식을 먹고 싶은데 음식이 없을 때, 이러한 배고픔을 해결하기 위한 욕구가 발생한다.

① 바람직한 상태와 실제로는 그렇지 못한 상태와의 차이
② 문제를 해결하기 위해서 어떤 대안이 있는지를 찾아내고, 그에 맞는 대안에 대한 정보를 수집하는 단계
③ 알게 된 내용을 기반으로 구매대상이 되는 여러 대안들을 평가하는 단계
④ 구매의사를 결정해서 구매행동으로 옮겨지는 단계

 문제(욕구) 인식에서 욕구는 "어떤 사람이 추구하는 바람직한 상태(음식을 먹고 배부름을 느끼고자 하는 상태)와 실제로는 그렇지 못한 상태(배고픔을 해결하지 못한 상태)와의 차이" 를 의미한다.

12 다음 중 포드시스템에 관한 내용으로 보기 가장 어려운 것은?

① 1914년 자동차 공장에 컨베이어 시스템(Conveyor System)을 도입하여 대량생산을 통한 원가를 절감할 수 있었다.

② 모든 작업을 단순작업으로 분해하여 분해된 작업의 소요시간을 거의 동일하게 하여 일정한 속도로 이동하는 컨베이어로 전체 공정을 연결하여 작업을 수행하였다.

③ 유동작업을 기반으로 하는 새로운 생산관리 방식을 포드시스템(Ford System) 또는 동시관리(Management By Synchronization) 라고도 한다.

④ 포드의 3S는 부품의 표준화, 제품의 단순화, 시간의 최소화이다.

 포드의 3S로는 부품의 표준화(Standardization), 제품의 단순화(Simplification), 작업의 전문화(Specialization) 등이 있다.

13 다음 중 부가가치의 생산성을 높이기 위해 제고시켜야 할 요인으로 바르지 않은 것은?

① 부가가치율　　　　　　　　② 판촉관리

③ 가격　　　　　　　　　　　④ 노동장비율

 부가가치 생산성을 높이기 위해 제고해야 하는 요소
ㄱ 부가가치율
ㄴ 가격
ㄷ 노동장비율
ㄹ 물적 자본생산성

14 다음은 제품계획에 따른 분류에 대한 것이다. 아래의 내용을 읽고 문맥 상 괄호 안에 들어갈 말을 순서대로 바르게 나열한 것은?

	(㉠)	(㉡)	(㉢)
구매 전의 계획정도	거의 없는 편	약간 있는 편	상당히 있는 편
제품의 가격정도	저가격	중, 고가격	고가격
제품 브랜드 충성도	거의 없는 편	약간 있는 편	특정상표를 선호
소비자 쇼핑 노력정도	최소한	보통	최대한
제품의 회전율 정도	빠른 편	느린 편	아주 느린 편

① ㉠ Convenience Goods, ㉡ Specialty Goods, ㉢ Shopping Goods
② ㉠ Shopping Goods, ㉡ Convenience Goods, ㉢ Specialty Goods
③ ㉠ Convenience Goods, ㉡ Shopping Goods, ㉢ Specialty Goods
④ ㉠ Shopping Goods, ㉡ Specialty Goods, ㉢ Convenience Goods

(Tip) 제품계획에 따른 제품의 분류

	편의품 (Convenience Goods)	선매품 (Shopping Goods)	전문품 (Specialty Goods)
구매 전의 계획 정도	거의 없는 편	약간 있는 편	상당히 있는 편
제품의 가격정도	저가격	중, 고가격	고가격
제품 브랜드 충성도	거의 없는 편	약간 있는 편	특정상표를 선호
소비자 쇼핑 노력 정도	최소한	보통	최대한
제품의 회전율 정도	빠른 편	느린 편	아주 느린 편

Answer → 12.④ 13.② 14.③

15 다음 점부(占部)의 기업경제 형태론에 대한 내용 중 개인 기업에 대한 설명으로 바르지 않은 것은?

① 의사형성과 그 실행측면에서의 신축적

② 출자자의 수는 3인이며, 동시에 소유(출자)와 경영이 합일

③ 개인의 자기자본과 자기노동의 결합형태

④ 기업가 기능의 확충 및 기업자본의 집중이라는 한계

 출자자의 수는 1인이며, 동시에 소유(출자) 및 경영이 합일체이다.

16 다음 중 생산 공정 또는 판매과정 등의 분야에서 상호 간 관련이 없는 다양한 이종 기업을 합병 및 매수해서 하나의 거대한 기업체를 형성하는 기업결합 형태를 무엇이라고 하는가?

① Concern

② Conglomerate

③ Kombinat

④ Trust

 컨글로머릿(Conglomerate)은 생산 공정 또는 판매과정 등의 분야에서 상호 간 관련이 없는 다양한 이종 기업을 합병 및 매수해서 하나의 거대한 기업체를 형성하는 기업결합 형태를 의미하며, 이를 구성하는 목적으로는 경기변동에 의한 위험분산, 경영의 다각화, 이윤의 증대, 조직의 개선, 외형상의 성장 등이 있다.

17 다음 중 가맹기업의 자유의사에 의해 결성되지만, 국가에 의해 강제적으로도 결성되는 경우도 있는 기업결합의 형태는?

① Trust

② Concern

③ Kartell

④ Syndicate

 카르텔은 가맹기업 간 협정, 카르텔 협정 등에 의해 성립되며 가맹기업은 이러한 협정에 의해 일부 활동에 대해 제약을 받지만 법률적인 독립성은 잃지 않으며, 더불어 국민경제발전의 저해, 경제의 비 효율화 등에 미치는 폐해가 크므로 각 국에서는 이를 금지 및 규제하고 있다.

18 다음 중 기업윤리의 강화방법에 대해 잘못 설명한 것은?

① 기업조직의 잘못을 보고하려는 구성원들의 활동

② 결과의 측정

③ 기업윤리에 대한 강령의 작성 및 발표

④ 중간 관리자가 윤리경영에 대한 몰입을 강조

 최고경영자의 윤리경영에 대한 몰입의 강조이다.

19 다음 사례를 참조하였을 시에 밑줄 친 부분으로부터 유추 가능한 내용으로 보기 가장 어려운 것은?

> 북한 행정관료 수준이 극히 낮은 점을 감안할 때 통일 후 대규모 남한 관료의 파견이 불가피하다는 주장이 나왔다. 임도빈 서울대 행정대학원 교수는 9일 "맹목적 복종과 법률이 아닌 당의 지시를 받고, 혈통과 충성심에 의해 임명되는 북한사회의 관료는 '공작원' 또는 '영혼 없는 일꾼'에 불과한 수준"이라고 밝혔다. 그는 독일의 사회학자 <u>막스 베버의 관료제 이론</u>에서 정의한 행정 관료는 북한에서는 '한 명도 없다'고 말했다. 독일의 경우는 통일 1년 반 직후인 1992년 6월 당시 2만6천여 명, 1995년 12월에는 3만6천여 명 수준까지 서독 공무원을 파견했다. 임 교수는 한 조사결과를 바탕으로 "독일은 당시 파견 전출 지원자에게 봉급 및 연금 상 혜택, 생활비용 보상, 별거 수당 등 인센티브를 적용했지만, 결국 위화감 조성과 능력부족으로 실패했다"고 설명했다.
>
> (후략)

① 과업의 전문화에 기반한 체계적인 노동의 분화가 이루어진다.

② 태도 및 대인관계에서의 개인성이 존중된다.

③ 표준화된 운용절차의 일관된 시스템이다.

④ 안정적이면서 명확한 권한계층이 형성된다.

 막스 베버는 권한의 유형을 카리스마적 권한, 전통적 권한, 합리적·법적 권한으로 구분하고 합리적·법적 권한에 기반한 관료제 모형이 근대사회의 대규모조직을 설명하는 데 가장 적절하다고 보고 있다. 그러므로 뚜렷한 계층에 의한 단순한 개인이 아닌 단체적인 성격이 강하므로 ②번은 태도 및 대인관계에 있어서 비개인성이 되어야 한다.

Answer → 15.② 16.② 17.③ 18.④ 19.②

20 다음 의사결정의 주요 요소 중 환경에 해당하는 것은?

① 생산   ② 확실성

③ 재무   ④ 집단

 의사결정의 주요 요소
㉠ 환경: 위험, 확실성, 불확실성 상황 등
㉡ 대상: 재무, 생산, 마케팅 등
㉢ 의사 담당자: 개인, 집단, 조직, 사회 등

21 이번 여름에 진구들과 부산으로 휴가를 계획하고 있는 현구 씨는 기차표를 예매하려 한다. 현구 씨가 선택할 수 있는 기차의 유형은 아래의 표와 같다. 이 때 표를 참조하여 보완적 방식을 활용할 경우 현구 씨가 선택하게 되는 운송수단은 무엇인가?

평가기준	중요도	기차에 대한 평가		
		KTX	새마을호	무궁화호
경제성	40	8	3	5
기계성능	30	5	3	5
디자인	20	5	5	5
승차감	10	3	7	5

① KTX

② 새마을호

③ 무궁화호

④ 정답 없음

 보완적 방식은 각 상표에 있어 어떤 속성의 약점을 다른 속성의 강점에 의해 보완하여 전반적인 평가를 내리는 방식을 의미하는데, 보완적 방식에서 KTX의 경우 제품속성별 평가점수가 각각 8, 5, 5, 3점이고 각 제품속성이 평가에서 차지하는 중요도는 40, 30, 20, 10 이므로, 이러한 가중치를 각 속성별 평가점수에 곱한 후에 이를 모두 더하면 600이 된다. 이것이 KTX의 종합평가점수이다. 이런 방식으로 새마을호, 무궁화호를 계산해 보면, 다음과 같으며, 여기에서 종합 평가점수가 가장 높은 값이 나온 KTX가 현구씨의 입장에 있어서 최종 구매대안(운송수단)이 되는 것이다.
- KTX = (40×8)+(30×5)+(20×5)+(10×3)=600
- 새마을호 = (40×3)+(30×3)+(20×5)+(10×7)=380
- 무궁화호 = (40×5)+(30×5)+(20×5)+(10×5)=500

22 다음 중 블랜차드와 필이 제시한 개인 및 조직을 위한 원칙에 해당하지 않는 것을 고르면?

① Perspective   ② Pride

③ Promotion   ④ Purpose

 블랜차드와 필이 제시한 개인 및 조직을 위한 원칙
ㄱ 전망(Perspective)
ㄴ 일관성(Persistence)
ㄷ 자긍심(Pride)
ㄹ 목적(Purpose)
ㅁ 인내(Patience)

23 통상적으로 연구자와 응답자 서로간의 언어적인 상호작용을 통해 필요한 자료를 수집하는 방법을 면접법이라고 하는 데, 다음 중 면접법에 관한 내용으로 가장 부적절한 것을 고르면?

① 환경을 통제, 표준화할 수 있다.

② 응답자 과거의 행동이나 사적 행위에 관한 정보를 얻을 수 있다.

③ 응답에 대한 표준화가 상당히 용이하다.

④ 모든 사람에 대해서 실시할 수 있다.

 면접법은 응답에 대한 표준화가 어렵다. 응답자에 따라 서로 다른 질문을 해야 하고 깊숙한 질문을 해야 하는 경우가 많은데, 이는 응답자의 응답을 표준화해서 비교할 때 어려움이 따를 수도 있기 때문이다.

Answer → 20.② 21.① 22.③ 23.③

24 다음 중 버파(Buffa)가 제시한 제조전략의 6가지 기초에 해당하지 않는 것은?

① 작업력 및 작업설계
② 생산시스템의 포지셔닝
③ 오퍼레이션 결정의 전략적 보완
④ 공급자의 수평적 계열화

 버파(Buffa)가 제시한 제조전략의 6가지 기초
ㄱ 제품 및 공정기술
ㄴ 오퍼레이션 결정의 전략적 보완
ㄷ 공급자의 수직적 계열화
ㄹ 작업력 및 작업설계
ㅁ 능력, 입지결정
ㅂ 생산시스템의 포지셔닝

25 다음 조직문화의 중요성에 대한 내용으로 바르지 않은 것은?

① 조직문화는 기업의 전략수행에 영향을 미친다.
② 조직구성원을 사회화하는데 영향을 미친다.
③ 신기술을 도입하거나 통합하는 경우에 영향을 미친다.
④ 조직 내의 집단 간 갈등에 영향을 미치지 않는다.

 조직문화는 조직 내의 집단 간 갈등에 영향을 미친다.

26 아래의 그림은 BCG 매트릭스를 표현한 것이다. 다음 중 BCG 매트릭스에 대한 설명으로 가장 옳지 않은 것을 고르면?

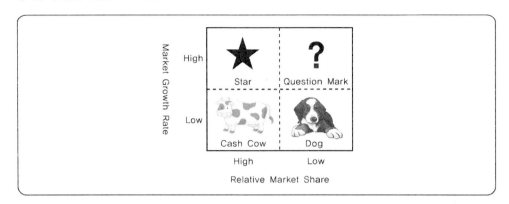

① Star의 경우에는 제품수명주기 상 성장기로서 상대적 시장점유율 및 시장성장률 모두가 높은 상태이다. 더불어 지속적인 시장의 확장을 위해 투자비용을 증가시키게 된다.

② Dog의 경우에는 수익성이 낮거나 또는 손실까지도 유발하는 사업부이며, 이 시기가 되면 사업부 상으로 보았을 때 철수전략이 실행된다고 할 수 있다.

③ Cash Cow의 경우에는 저성장 고점율의 형태를 취하게 되므로 4개 사업부 중 가장 적은 잉여현금을 지니게 되는 사업부이다.

④ Question Mark의 경우에는 성장가능성이 있지만, 투자로 인한 자금의 유출이 크고 상황에 따라 Star(성장) 사업부 또는 Dog(사양) 사업부로 갈 수 있다.

 Cash Cow의 경우에는 불필요한 사업에 대한 성장을 지양하고, 지속적인 시장점유율을 기반으로 하는 사업부로 4개 사업부 중 가장 많은 잉여현금을 지니고 있는 사업부이다.

27 다음 중 임시조직 또는 특별조직이라고 할 수 있으며, 평상시에는 조직이 일정한 형태로 움직이다가 특별한 일이나 사건이 발생하면 그것을 담당할 수 있도록 조직을 재빨리 구성하여 업무 처리가 이루어지는 형태의 조직을 무엇이라고 하는가?

① 단일 라인조직　　　　　　　② 사업부제 조직

③ 애드호크라시　　　　　　　　④ 팀제 조직

 애드호크라시는 전통적 관료제 구조와는 달리 융통적·적응적·혁신적 구조를 지닌 '특별임시조직'을 의미한다. 베니스(Warren G. Bennis)는 애드호크라시를 "다양한 전문기술을 가진 비교적 이질적인 전문가들이 프로젝트를 중심으로 집단을 구성해 문제를 해결하는, 변화가 빠르고 적응적이며 임시적인 체제"로 정의한다.

28 다음 중 직무기술서에 포함되는 내용으로 보기 어려운 것은?

① 직무에 따른 활동과 절차

② 직무에 대한 명칭

③ 감독의 범위 및 성격

④ 타 작업자들과의 비공식적인 상호작용

 타 작업자들과의 공식적인 상호작용이다.

29 마일스와 스노의 전략-구조 유형 중 방어형 전략에 관한 내용으로 옳지 않은 것은?

① 중간 정도로 집권화된 통제

② 집권화된 통제 및 복잡한 수직적 정보시스템

③ 단순한 조정메커니즘과 계층경로를 통한 갈등 해결

④ 광범위한 분업 및 공식화의 정도가 높은 기능별 조직구조를 취하는 경향

 ①은 분석형 전략에 해당하는 내용이다.

30 다음의 기사를 읽고 밑줄 친 부분에 대한 설명과 가장 부합하는 것을 고르면?

> 사측의 직장폐쇄가 5개월째로 접어든 (주)케이비알의 노조원 부인(43)이 생활고를 견디지 못하고 지난 1일 스스로 목숨을 끊었다. (주)케이비알은 경남 창원 국가산업단지 내에서 한때 최대 규모로 베어링용 쇠구슬(강구)를 생산하던 업체였지만, 지난 2년여 간 노사는 임금교섭과 기계반출 문제 등으로 갈등을 빚었다. 48명의 노조원이 지난 5월 사측의 교섭 행태 등을 규탄하며 파업에 돌입하자 사측은 직장폐쇄를 단행했다. <u>직장폐쇄</u> 139일째인 1일 유서를 남기고 자택에서 스스로 목숨을 끊은 부인의 남편인 노조원 ㄱ씨는 직장폐쇄 전 사측의 부당징계에 이어 부동산 가압류를 당하기도 했다. ㄱ씨는 직장폐쇄 기간 월급을 받지 못해 5개월가량 부인에게 생활비를 줄 수 없었다. ㄱ씨는 생활비를 마련하려고 주변에 도움을 요청하며 돈을 빌려야 했고 부인이 숨지기 전날에는 대출 상담을 받기도 한 것으로 전해졌다. ㄱ씨 부인은 유서에서 "애들 잘 부탁한다"는 말과 함께 "돈은 얼마 없다. 힘들었다"고 썼다. 그동안의 생활고를 짐작할 수 있는 대목이다. 부인은 아들과 딸에게는 "사랑한다 아들, 딸… 정말 미안해"라는 말을 남겼다. ㄱ씨는 '회사가 폐업한다. 직장 폐쇄한다'는 내용이 담긴 사측의 가정통신문을 부인이 수차례 받았는데 심리적 압박을 받았을 것이다. 정말 미안하다"며 부인의 영정 앞에서 오열했다. 비보를 전해들은 금속노조 경남 지부는 이날 오후 케이비알 사내 광장에서 긴급 기자회견을 열고 "회사 대표는 평소 조합원들에게 '돈 없는 너희가 얼마나 버티겠느냐고 입버릇처럼 말했다. 결국 자본가의 탐욕이 비수가 돼 조합원의 가족이 자살하는 비극을 초래했다"며 사측을 거세게 비난했다. 그러면서 경남 지부는 문제를 해결하기 위해 사측이 교섭에 적극적으로 나설 것을 촉구했다. 통합진보당 경남도당도 논평을 내고 "고인의 유서에는 절규가 담겨 있다"며 "자본의 부당한 노동탄압이 안락한 가정을 무너뜨리고 노동자의 삶을 망가뜨렸다"고 밝혔다.

① 사용자측이 자기의 주장을 관철하기 위해서 노동자가 제공하는 노동력의 제공을 거부하고, 노동자에게 경제적 타격을 입힘으로써 압력을 가하는 실력행위이다.

② 노동조합이 형식적으로는 노동력을 제공하지만 의도적으로 불성실하게 노동을 제공함으로써 작업능률을 저하시키는 행위이다.

③ 능동적으로 생산 및 사무를 방해하거나 원자재 또는 생산시설 등을 파괴하는 행위이다.

④ 노동조합 안에서의 통일적 의사결정에 따라 근로계약상 노동자가 사용자에게 제공해야 할 의무가 있는 근로의 제공을 거부하는 쟁의수단이다.

 직장폐쇄(Lock Out)는 노동조합과 사용자간에 임금 및 기타 제 근로조건에 대해서 주장이 일치하지 아니하는 경우 사용자측이 자기의 주장을 관철하기 위해서 노동자가 제공하는 노동력의 제공을 거부하고, 노동자에게 경제적 타격을 입힘으로써 압력을 가하는 실력행위를 의미한다.

Answer → 27.③ 28.④ 29.① 30.①

31 다음 기사를 읽고 밑줄 친 부분에 관련한 내용으로 가장 거리가 먼 것은?

A씨 등 3명은 올해 5월부터 8월까지 4개월 동안 대구의 한 대형마트에서 협력업체 파견 일용직으로 근무하면서 친구 이름으로 근로계약을 작성하고, 자신들은 실업 상태인 것처럼 꾸며 각각 240만 원의 실업급여를 타냈다. A씨 등은 근무하는 대형마트에 자신들이 소속된 업체의 관리자가 없다는 점을 악용해 서류를 조작했다. 이들은 제보에 의해 지난 9월 대구고용노동청에 실업급여 부정수급자로 적발됐다. 대구경북에서 고용보험 부정수급이 지난해보다 2배 늘어난 것으로 나타났다. 대구고용노동청에 따르면 올해 8월 말 기준으로 대구경북의 고용보험 부정수급액은 14억 2천 500만 원으로 지난해 같은 기간의 6억 5천 400만 원보다 117.9% 증가했다. 또 올해 8월까지 부정수급 건수도 2천 154건으로 지난해 동기에 비해 96.2% 늘어났다. 세부적으로 보면, 실업급여 부정수급액의 경우 7억 4천 800만 원으로 지난해 동기보다 34.3% 늘었고 건수도 13.8% 증가했다. 사업장에 주는 각종 지원금을 나타내는 '고용안정' 부문에서도 지난해 400만 원에서 올해 2억 3천 200만 원으로 늘어났고, 사업주 훈련지원금 등을 나타내는 '직업능력' 부정수급액도 지난해 5천 700만 원에서 올해 4억 3천 400만 원으로 급증했다. 대구고용노동청은 최근 3년 사이 부정수급이 비슷한 수준이거나 다소 줄었으나, 올해는 유관기관과의 공조 조사, 제보 증가 등의 영향으로 크게 늘어났다고 밝혔다. 일반적으로 부정수급 사례는 실업급여의 경우 비자발적 퇴사만 실업급여를 받을 수 있는데도 스스로 직장을 그만둔 뒤 실업급여를 받거나 근무하면서 실업상태인 것처럼 속이는 경우가 많다. 또 실제 사이버교육을 받지 않았는데도 교육을 받은 것처럼 꾸미는 경우가 적잖다는 것이 대구고용노동청의 설명이다. 이처럼 고용보험 부정수급이 숙지지 않는 것은 고용보험이 '눈먼 돈'이라는 인식이 팽배한데다 제보가 없으면 불법행위를 적발하기가 쉽지 않기 때문이다. 대구고용노동청 관계자는 "사업주가 모르거나 사업주와 짜고 부정수급을 하면 찾아내기가 쉽지 않다. 이 때문에 제보에 의존하는 경우가 많다"고 했다. 대구고용노동청은 부정수급을 줄이기 위해 제보자에 대한 신고 포상금제를 운영하고 있다. 제보를 통해 부정수급이 확인되면 부정수급액의 20~30%를 포상금으로 지급하고 있다. 전문가들은 근본적인 대책을 주문했다. 지원 단계에서 서류 확인에 그칠 게 아니라 심층상담 등 심사와 관리를 철저히 하는 한편 적발자에 대해서는 강력한 처벌이 뒤따라야 한다고 지적했다. 이진숙 대구대 사회복지학과 교수는 "복지전산망 내에서는 수급자가 빠지거나 중복된 부분에 대해 어느 정도 확인이 가능하다. 기본적으로 소득을 확인할 수 있는 전산망 간의 연계와 함께 통합적인 관리 시스템이 구축돼야 부정수급을 상당히 줄일 수 있을 것"이라고 했다.

① 임금노동자의 실업 중 생활안정을 목적으로 한다.
② 노사의 보험료를 주요 재원으로 한다.
③ 강제 적용방식이다.
④ 급부기간은 통상적으로 10년 이내로 한다.

> (Tip) 고용보험의 급부기간은 통상적으로 1년 이내의 단기로 한다.

32 다음 중 경제적 주문량(EOQ)의 기본가정으로 옳지 않은 것을 고르면?

① 리드타임은 확실하며, 알려져 있다.

② 발주비 및 유지비는 일정하다.

③ 수요는 일정하다.

④ 주문량은 여러번 나누어서 입고된다.

 경제적 주문량(EOQ)의 기본가정
ⓐ 리드타임은 확실하며, 알려져 있다.
ⓑ 발주비 및 유지비는 일정하다.
ⓒ 수요는 일정하다.
ⓓ 수량할인은 허용되지 않는다.
ⓔ 주문량은 일시에 전량 입고된다.
ⓕ 단일의 품목이고, 타 품목과는 의존관계가 없다.
ⓖ 재고부족 및 미도착주문은 발생하지 않는다.

33 다음 중 아웃소싱 전략에 관한 설명으로 가장 거리가 먼 것은?

① 아웃소싱 전략은 경비절약, 기업의 규모축소, 전문화 등이 목적이다.

② 아웃소싱 전략은 정보통신기술(ICT)의 발달 등과 같은 최근의 환경변화는 아웃소싱을 파트너십에 입각한 전략적 차원으로 전환시키고 있다.

③ 핵심사업 부문에 집중, 채용의 용이성, 수수료 부담의 감소, 이직률의 하락, 고객에 대한 높은 충성도 등의 이점이 있다.

④ 통상적으로 정보기술의 개발능력 부족 등으로 잘 정비된 외부업체의 네트워크를 활용하기 위해 아웃소싱을 하게 된다.

 아웃소싱 전략은 한정된 자원을 가장 핵심사업 분야에 집중시키고, 나머지 부문은 외부 전문기업에 위탁하여 효율을 극대화하려는 전략을 말하며, 고객에 대한 낮은 충성도, 이직률의 상승이라는 문제점을 지니고 있다.

Answer ↦ 31.④ 32.④ 33.③

34 다음 중 소비자 행동모델 및 영향요소 중 문화적 요인에 속하는 것으로 가장 적절한 것은?

① 동기   ② 가족

③ 신념   ④ 하위문화

 소비자 행동모델 및 영향요소
㉠ 문화적 요인: 소비자들 스스로가 속한 문화, 사회계층, 하위문화 등
㉡ 사회적 요인: 가족, 준거집단, 역할 및 지위 등
㉢ 마케팅 자극: 가격, 제품, 유통촉진 요인 등
㉣ 개인적 요인: 연령, 직업, 경제상황, 생활주기, 개성 및 자아개념 등
㉤ 심리적 요인: 지각, 동기, 학습, 신념 및 태도 등

35 다음의 사례들이 공통적으로 의미하는 것을 고르면?

- 수돗물
- 펩시콜라
- 박카스
- 전기 및 전화서비스
- 새우깡
- 인터넷 검색

---

① 구매관습에 따른 마케팅전략

② 차별적 마케팅전략

③ 무차별적 마케팅전략

④ 집중화 마케팅전략

 무차별적 마케팅전략은 전체의 시장을 하나의 동일한 시장으로 간주하고, 하나의 제품을 제공하는 전략이다. 이는 결국에 소비자들의 욕구 중 공통적인 부분만을 추출해서 초점을 맞춘 것으로 하나의 제품 및 서비스만으로 전체 시장을 대상으로 비즈니스를 펼치는 전략을 말한다. 일례로 사람들이 흔히 필요한 정보를 찾기 위해 활용하게 되는 네이버, 야후, 구글 같은 검색엔진 및 디렉토리 등이 대표적인 사례라 할 수 있다.

36 다음은 소주 시장에 대해 소비자들에게 시장조사를 한 후 목표시장 선정에 해당하는 시장의 한 형태를 그림으로 도식화 한 것이다. 아래의 그림과 같은 시장에 관련한 설명으로 가장 옳지 않은 내용은?

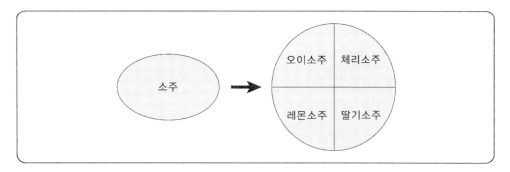

① 하나의 전체 시장을 여러 개의 세분시장으로 나누고, 이들 모두를 목표시장으로 삼아 각기 다른 세분시장의 상이한 욕구에 부응할 수 있는 마케팅믹스를 개발해서 이를 적용함으로서 기업의 마케팅 목표를 달성하고자 하는 것이다.

② 이러한 시장의 경우 전체 시장의 매출은 증가하게 된다.

③ 하나의 전체 시장에서 각각의 세분시장에 차별화된 제품 및 광고 판촉 등을 제공하기 위해 비용 또한 늘어나게 되는 문제점이 발생하게 된다.

④ 이 경우에 대상으로 하는 세분시장의 규모가 축소되거나 경쟁자가 해당 시장에 뛰어들 경우 위험이 크다.

 위 그림은 차별적 마케팅전략에 대한 그림이다. ④번은 집중적 마케팅 전략에 대한 설명이다.

37 다음의 내용을 읽고 문맥 상 괄호 안에 들어갈 말로 가장 적합한 것을 고르면?

> 일반적 제품을 처음 만든 회사는 'Generic Brand'로서 선점회사의 프리미엄을 얻게 된다. 다시다, 대일밴드, 미원 등은 해당 분야에서 맨 처음으로 등장함으로써 더욱 더 좋은 기능들을 갖춘 경쟁품이 나오더라도 최초의 제품으로서의 힘을 지니게 되는 것이다. 이에 후발주자들은 기대하는 제품으로 볼 수 있다. 개선되어진 기능, 멋진 디자인, 편리한 포장 등의 요소가 최초의 제품에 덧붙여진 것이다. 이에 제품의 본질과는 다른 차원의 편익이 더해지게 되면 (　　　　　　) 단계가 된다. 이 단계에서는 가전제품의 애프터서비스, 식당의 주차시설, 백화점의 무이자 할부판매 등은 각기 그들이 지니고 있는 본질적인 기능들과는 달리 별도로 기초적인 편익을 보다 더욱 편하게 소비 가능하도록 하는 부가적인 편익이다.

① 유형세품　　　　　　　　　　② 확장제품
③ 핵심제품　　　　　　　　　　④ 비(미)탐색품

 확장제품은 전통적인 제품의 개념이 고객서비스에 까지 확대된 것으로 제품에 대한 사후보증, 애프터서비스, 배달, 설치, 대금지불방법 등의 고객서비스를 모두 포함하는 차원의 개념이다.

38 다음의 사례는 어떠한 전략을 설명하고 있는 것인가?

> • 제일제당 컨디션 : 접대가 많은 비즈니스맨에게 적절한 제품
> • Johnson & Johnson : 아기용 샴푸

① 제품 속성에 의한 포지셔닝
② 이미지 포지셔닝
③ 제품 사용자에 의한 포지셔닝
④ 경쟁 제품에 의한 포지셔닝

 제품 사용자에 의한 포지셔닝은 자사 제품의 적절한 사용상황을 설정함으로서 타사 제품과 사용상황에 따라 차별적으로 다르다는 것을 소비자에게 인식시키는 전략을 말한다. 문제에서 접대가 많은 비즈니스맨(접대 상황을 표현)에게 타 음료보다 자사의 음료(컨디션)가 적절하다는 것으로 포지셔닝하고 있으며, 아기용 샴푸(민감한 피부로 반응하는 어린 아기들이 사용해야 하는 샴푸의 상황을 표현)에는 자사의 샴푸(존슨 앤 존슨)가 가장 적절하다고 포지셔닝하고 있다.

39 다음의 기사를 읽고 밑줄 친 부분과 맥락을 같이 하는 내용으로 올바른 것은?

> 사람이 태어나 수명을 다 할 때까지 성장과 성숙, 쇠퇴의 과정을 겪는 것처럼, 우리가 사용하는 제품도 이 같은 과정을 겪는다. 이를 제품수명주기라고 한다. 제품수명주기는 제품이 시장에 도입돼 사라지기까지의 과정을 뜻한다. 어떤 제품은 몇 개월 만에 시장에서 자취를 감추기도 하고, 또 어떤 제품은 수십 년이 지나도 여전히 소비자들의 사랑을 받기도 한다. 간혹, 오랜 시간 사랑을 받는 제품이 있어 '수명주기는 없다'라고 생각하는 경우도 있지만, 이러한 오랜 인기가 <u>성장기 단계</u>에 해당한다고 할 수 있다. 프랜차이즈 시장에도 이러한 수명주기가 존재한다. 어떤 한 아이템이 성장하고 쇠퇴하는 과정에서 수많은 브랜드들이 생겨나게 되게 된다. 따라서 이제 막 창업을 시작하려는 예비창업자들은 수명주기를 잘 파악해 성장이나 성숙 단계에 있는 브랜드를 선택하는 것이 좋다. 도입기 브랜드는 참신함으로 이목을 끌 수는 있지만, 인지도가 낮아 마케팅에 보다 많은 노력을 기울여야 수익이 발생한다. 즉, 시장에 부응할 수 있도록 많은 노력을 기울여야 한다. 성장이나 성숙의 단계에 있는 브랜드는 어느 정도 인지도가 확보된 상태고, 성장가능성이 높다. 때문에 창업 적기라고 할 수 있다. 쇠퇴기에 있는 브랜드는 선택하지 않는 게 좋다. 따라서 창업자들은 시장 점유율이 급격하게 증가하는 시기인 성장, 안정성이 돋보이는 성숙기에 접어든 아이템을 선택해야 한다. 그렇다면 프랜차이즈 시장에서 성장기 혹은 성숙기에 접어든 아이템은 무엇이 있을까? 아이스크림이나 팥빙수, 밥버거 등이 있는데, 이들 아이템은 소비자들에게 충분한 인기를 얻으며 유행을 선도해 나가고 있어 현재 혹은 향후에 안정적인 수익을 올릴 수 있다는 장점이 있다. 밥버거 전문점 '뚱스 밥버거'의 관계자는 "간편식의 인기와 함께 밥버거 시장의 규모에 매우 크게 성장하고 있다. 1인 가구 증가 등의 사회적 분위기도 밥버거 등과 같이 간편하게 식사를 해결할 수 있는 외식 아이템 선호 증가에 큰 영향을 주고 있는 상황이다"고 말하면서, "따라서 현재 외식창업을 준비하고 있다면, 성장가능성이 높고 투자 대비 높은 수익을 올릴 수 있는 밥버거 전문점을 주목하는 것이 좋다"고 전했다.

① 통상적으로 경쟁자가 없거나 또는 소수에 불과한 형태이다.
② 제품에 대한 인지도 및 수용도가 낮고, 판매성장률 또한 매우 낮은 단계라 할 수 있다.
③ 많은 경쟁자들을 이기기 위해 제품에 대한 마진을 줄이고, 가격을 평균생산비 수준까지 인하하게 된다.
④ 실질적인 이익이 창출되는 단계라 할 수 있다.

 밑줄 친 부분은 제품수명주기 중 성장기에 해당하는 내용을 고르는 문제이다. 성장기에서는 실질적인 이익이 발생하게 되며, 제품의 판매량도 빠르게 증가하게 되며, 경쟁자가 늘어나게 되는 단계이다. ①②번은 도입기, ③번은 성숙기에 대한 설명을 하고 있다.

Answer ↦ 37.② 38.③ 39.④

40 다음의 내용을 읽고 밑줄 친 부분에 가장 부합하는 설명으로 고르면?

> 돈을 모으는 것도 중요하지만 현명한 소비도 중요하다. 기업의 수많은 마케팅 광고에서 살아남으려면 먼저 알아야 한다. 다음은 높은 가격을 미끼로 내걸어 물건을 구입하게 만드는 '준거가격(Reference Price) 마케팅'이다. '백화점의 진열대에 캐시미어 스웨터가 하나 있다고 해보자. 캐시미어 자체가 고급 원단이기 때문에 소비자들은 캐시미어 스웨터가 아주 비쌀 거라 예상한다. 그런데 5만 원의 가격표가 붙어 있으면 물건에 하자가 있는 것은 아닌지 의심하게 된다. 하지만 만약 20만 원이라고 쓰여 있는 가격표에 X자를 긋고, 그 아래에 5만 원이라고 쓰여 있는 것을 보면 좋은 물건을 싼 가격에 구입할 수 있는 기회를 잡았다고 생각한다. 실험을 해본 결과, 처음부터 5만 원이라고 쓴 스웨터는 팔리지 않았지만 20만 원이라고 쓴 후 X자를 하고 다시 5만 원이라고 쓴 스웨터는 매진되었다. 이 같은 준거가격 마케팅은 백화점, 대형마트뿐만 아니라 재래시장, 편의점 등에서도 널리 쓰이는 기술이다. 사람들이 좋은 가격에 물건을 산다는 생각을 하게 만들고 상품에서 주의를 분리시키는 것이다. 이와 같은 전략은 일종의 할인의 함정이지만 소비자는 함정으로 여기지 않는다. 대체로 사람들은 숫자를 완전히 객관적이라고 생각하기 때문이다. 20만 원이 5만 원이 되려면 15만 원의 숫자가 빠져야 한다. 이때 소비자는 자신이 15만 원의 이득을 본 것으로 계산해버린다. 그 계산은 숫자와 연관을 가지고 있기에 감정은 배제돼 있었다고 착각하는 것이다. 하지만 가격에 관한 사람들은 대단히 감정적이다.

① 두 가지 또는 그 이상의 제품 및 서비스 등을 결합해서 하나의 특별한 가격으로 판매하는 방식이다.

② 구매자는 어떤 제품에 대해서 자기 나름대로의 기준이 되는 가격을 마음속에 지니고 있어서, 제품을 구매할 경우 그것과 비교해보고 제품 가격이 비싼지의 여부를 결정하는 것이다.

③ 자신의 명성이나 위신을 나타내는 제품의 경우에 일시적으로 가격이 높아짐에 따라 수요가 증가되는 경향을 보이기도 하는데, 이를 이용하여 고가격으로 가격을 설정하는 것이다.

④ 장기간에 걸친 소비자의 수요로 인해 관습적으로 형성되는 가격이다.

 준거가격(Reference Pricing)은 구매자는 어떤 제품에 대해서 자기 나름대로의 기준이 되는 준거가격을 마음속에 지니고 있어서, 제품을 구매할 경우 그것과 비교해보고 제품 가격이 비싼지 여부를 결정하는 것을 의미한다. 다시 말해 소비자들이 제품의 구입에 있어 제품의 실제 가격을 평가하기 위해 활용하게 되는 표준가격을 통칭하는 가격이다. ①번은 묶음가격, ③번은 명성가격, ④번은 관습가격에 대해 각각 설명한 것이다.

41 다음 중 제품수명주기(Product Life Cycle)의 순서가 올바른 것은?

① 도입기 → 성장기 → 성숙기 → 쇠퇴기
② 도입기 → 성숙기 → 성장기 → 쇠퇴기
③ 성장기 → 도입기 → 성숙기 → 쇠퇴기
④ 성장기 → 성숙기 → 도입기 → 쇠퇴기

> (Tip) 제품수명주기(Product Life Cycle)
> 도입기 → 성장기 → 성숙기 → 쇠퇴기

42 아래의 기사를 읽고 메이요 교수가 가장 중요한 과제로 제시한 '인간관계론'에 관한 내용으로 바르지 않은 것을 고르면?

직원을 기계의 관점에서 본 프레더릭 테일러의 '과학적 관리법'(일명 테일러 시스템)은 "근무태만은 가장 사악한 행위"라는 키워드로 경영자의 환호를 받았다. 반면, 하버드 대학교의 엘튼 메이요 교수는 직원에게 최적의 업무 환경을 제공하는 것이 경영자의 가장 중요한 과제라며 '인간관계론'을 중시했다.

사회조직론에서 아성을 지키던 '프로' 석학자 막스 베버에게 크게 한방 먹인 주인공은 '아마추어' 회사원 체스터 바너드였다. 법과 원칙에 따라 모든 기업의 조직을 '관료제'에 따라 움직여야 한다고 역설한 베버의 조직론은 지금까지도 기업의 생존을 유지하는 비결 아닌 비결로 자리매김하고 있다. 바너드의 생각은 달랐다. 그는 인간의 얼굴을 한 조직 체계를 꿈꾸며 인간의 비논리성이 조직에 활력을 주는 긍정의 효과에 주목했다. 베버의 극단적 부작용은 다음과 같은 사례에서 확인된다. 유대인 학살의 실무 책임자인 나치당원 아돌프 아이히만의 행동이 조직의 논리에 따른 순응의 결과('막스베버' 이론)라면, 나치당원인 오스카 쉰들러의 유대인 구출은 조직의 규율을 어긴 양심의 행동('체스터 바너드' 이론)에 기인한 것이다.

① 종업원 만족의 증가가 성과로서 연결된다고 보고 있다.
② 의사소통의 경로개발이 중요시되며, 참여가 제시되었다.
③ 공식조직을 강조하였다.
④ 인간의 사회적·심리적 조건 등을 중요시하였다.

> (Tip) 인간관계론은 종업원의 사회, 심리적인 욕구를 충족시킴으로써 기업의 생산성이 상승될 수 있다는 인식을 갖게 하는 계기가 되었다. 이 말은 곧 지문에 제시되어 있는 "직원에게 최적의 업무 환경을 제공하는 것이 경영자의 가장 중요한 과제"와 일맥상통함을 알 수 있다. 또한, 맹목적인 계급이 지배되는 공식조직보다는 인간적인 측면을 고려한 비공식 조직을 강조하였다.

Answer 40.② 41.① 42.③

43 다음의 내용을 읽고 밑줄 친 부분에 대한 내용과 가장 관련성이 높은 것은?

세계 최대 규모의 대형할인매장을 보유한 월마트가 끊임없이 진화하고 있다. 이미 글로벌 1위 유통업체가 된 월마트는 오프라인 대형매장에 안주하지 않고 지역 내 소형매장과 온라인 시장도 넘보고 있다. "1센트만 남기고 판다"는 박리다매 전략을 구사했던 월마트가 소형매장과 온라인선 어떤 전략을 구사할지 주목된다. 1등의 자리에 안주하지 않고 지속적으로 도전하는 월마트의 행보에 월가 역시 관심을 보이고 있다. 현재까지 월가는 월마트에 대해 우호적인 모습이다. 상당수 글로벌 투자은행들은 월마트에 대한 '매수' 의견을 고수하고 있다. 하지만 냉정한 투자자들은 언제든 돌아설 수 있다는 점을 월마트는 간과해선 안 될 것이다. 미국 아칸소주 벤턴빌에 본사를 두고 있는 월마트는 전 세계에 매장을 갖고 있는 글로벌 1위 유통업체다. 현재 27개국에서 1만 1000개의 매장을 운영 중인 월마트는 직원수 220만 명, 주간 방문 고객은 2억 4500만 명에 달한다. 1962년 아칸소주의 작은 도시에서 시작한 할인점으로 시작한 월마트는 어느 새 세계에서 가장 많은 매출을 기록하는 유통업체가 됐다. 월마트의 창업자인 샘 월튼(1918~1992)은 "매일 싸게 팝니다"와 "고객의 만족을 보증합니다"라는 슬로건을 내걸고 작은 할인점을 세계 최대의 유통업체로 키웠다. 특히 월마트의 트레이드 마크인 저가전략은 저마진과 비용절감, 공급업체들과의 제휴강화를 통해 현실화되며 월마트의 강력한 성장 동력이 됐다. 1990년대 미국 최대의 소매업체였던 케이마트(Kmart Corporation), 시어스 로 벅앤드 컴퍼니(Sears, Roebuck and Company) 등을 따돌리고 세계 최대 유통업체가 된 월마트는 <u>회원제 도매클럽인 샘즈 클럽</u>, 식품 부문을 강화한 하이퍼마트 USA, 할인점과 슈퍼스토어의 혼합형인 슈퍼센터 등을 통해 몸집을 키워나가고 있다. 세계 최대 규모의 유통업체가 된 월마트의 사업 전략에 최근 변화가 나타나고 있다. 과거 대형매장 위주의 성장 전략을 취했던 월마트가 최근 들어 소형매장 확대에 나서고 있는 것이다. 이는 소품종 대량소비 성향을 보이던 소비자들이 점차 다품종 소량소비로 이동함에 따른 자연스런 변화로 풀이된다. 더그 맥밀런 월마트 최고경영자는 지난 4분기 실적발표회 자리에서 "고객들의 소비습관이 급변하고 있다"며 "이에 적절히 대처할 수 있도록 빠르고 유연하게 변화할 것"이라고 밝혔다. 실제로 월마트는 앞으로 1년간 미국 내 소형점포를 270~300개 가량 늘릴 계획이다. 이는 앞서 발표했던 120~150개 매장 개설 계획보다 2배 가량 확대된 수준이다. 이를 위해 월마트는 기존에 자리잡고 있는 지역 내 소형점포를 인수, 활용할 방침인 것으로 알려졌다.

① 통상적으로 보통 접근이 용이한 지역에 위치하여 24시간 연중무휴 영업을 하며, 재고회전이 빠른 한정된 제품계열을 취급한다.

② 취급상품에 관한 전문적 지식과 전문적 기술을 갖춘 경영자나 종업원에 의해 가공수리도 하며, 품종의 선택, 고객의 기호, 유행의 변천 등 예민한 시대감각으로 독특한 서비스를 제공함으로써 합리적 경영을 실현하고 있다.

③ 의식주에 관련한 갖가지 제품을 부문별로 진열하고 이를 조직 및 판매하는 근대적인 대규모 소매상이다.

④ 대부분이 도심 외곽 지역의 넓은 부지에 창고형의 매장을 지니고 있고, 매장의 높이는 보통 4~5m 정도이다.

 회원제 도매클럽(MWC ; Membership Warehouse Club)은 회원제로 운영되는 창고형 할인매장으로, 일반 할인점보다 저렴한 가격으로 대량판매하는 형태로 다음의 특징들을 지니고 있다. 첫째, 일정액의 연회비를 받는 회원제여서 정기적이고 안정적인 고객을 확보할 수 있다. 둘째, 대량매입, 대량판매의 형식을 취하며, 박스 및 묶음 단위로 판매하는 것을 원칙으로 한다. 셋째, 판매물품 등은 다양한 품목이 아닌 구매빈도가 높은 품목, 다시 말해 고회전의 품목을 위주로 구성한다. 넷째, 파레트에 실린 제품을 그대로 점포로 옮겨 진열하는 방식으로 물류비용과 인건비, 실내장식비 등을 대폭 낮춤으로써 일반 할인점보다 20~30% 저렴한 가격에 판매한다. 대표적인 MWC 업체로는 코스트코(코스트코 홀세일), 샘즈클럽, 마크로, 킴스클럽 등이 있다.

44 다음 중 사채에 대한 설명으로 바르지 않은 것은?

① 투자자의 입장으로서는 유통시장에서 자유롭게 사채의 매매가 가능하다.

② 통상적으로 인플레이션 발생 시에 실질가치가 상승하게 된다.

③ 비교적 저렴한 자본비용으로 기업지배권의 변동이 없이 자금 조달이 가능하다.

④ 일정기간마다 확정이자소득이 가능한 안전 투자대상이다.

 통상적으로 인플레이션 발생 시에 실질가치가 하락하게 된다.

45 다음 중 포트폴리오 이론에 대한 내용으로 바르지 않은 것은?

① 시장포트폴리오, 가치가중, 등가중 등이 있다.

② 포트폴리오의 수익률은 투자금액의 크기와는 상관이 없다.

③ 만일 상관계수가 −1일 때, 분산효과가 극소화 된다.

④ 표준편차−투자 비중 간 그래프는 상관계수 및 투자비율 등에 의존한다.

 상관계수가 −1일 때, 분산효과가 극대화 된다.

 43.④ 44.② 45.③

46 다음 중 프로세스 조직에 대한 설명으로 바르지 않은 것은?

① 과업에 관한 상당한 책임 및 권한 등을 동시에 지닌 조직이다.

② 성과보다는 일 자체에 중점을 두고 있다.

③ 기업의 활동에 대해 전체적이고 구체적인 파악이 가능하다.

④ 기능별 전문성의 개발 및 축적 등이 곤란하다.

 프로세스 조직은 일 자체보다 성과에 초점을 두고 있다.

47 다음 중 알더퍼의 ERG 이론에 대한 설명으로 바르지 않은 것은?

① 매슬로우의 5단계를 3가지 욕구로 재형성해서 포괄적으로 설명하고 있다.

② 이 모델은 존재, 관계, 성장을 의미하는 단어의 첫 머리를 따서 그 명칭이 만들어졌다.

③ 이 모델에서는 '욕구란 문화공동체에 의해 학습된다'라는 중요한 가정을 지니고 있다.

④ 시사점으로 관리자는 부하 직원의 상위 욕구가 차단되면 하위욕구를 제공해서 해결할 수 있다는 점이다.

(Tip) ③번은 맥클리랜드의 성취동기이론에 대한 설명이다.

48 다음 중 다국적기업의 특징으로 적절하지 않은 사항은?

① 경영활동의 세계지향성

② 기업조직구조의 분권화

③ 이윤의 현지 기업에 대한 비투자성

④ 국제협력체제의 실행

(Tip) 다국적 기업의 특징
㉠ 경영활동의 세계지향성
㉡ 기업조직구조의 분권화
㉢ 기업소유권의 다국적성
㉣ 인적 구성의 다국적성
㉤ 국제협력체제의 실행
㉥ 이윤의 현지 기업에 대한 재투자성

49 다음 중 듀레이션에 관한 설명으로 옳지 않은 것은?

① 순수할인채권의 듀레이션은 만기와 같다.

② 만기가 길수록 듀레이션은 길어진다.

③ 이자율 하락이 예상되면 듀레이션이 긴 채권을 매도한다.

④ 시장이자율이 높을수록 듀레이션은 짧아진다.

> (Tip) 이자율 하락이 예상되면 채권가격의 상승을 예상할 수 있으므로 듀레이션이 긴 채권을 매입하고 듀레이션이 짧은 채권을 매도하는 전략이 바람직하다.

50 사이먼은 의사결정유형을 정형적, 비정형적인 것으로 분류하고 정형적 의사결정은 구조화된 결정문제, 비정형적의사결정은 비구조화 된 결정 문제라고 하였는데, 아래의 글을 읽고 마지막 단락에 밑줄 친 '비정형적 의사결정'에 관련한 내용으로 보기 어려운 사실을 고르면?

> 그럼 인공지능은 현대 기업경영에서 어떤 역할을 수행하는가. 1957년 프랭크 로젠블라트는 최초의 인공신경망 모형인 '퍼셉트론(Perceptron)'을 발표한다. 퍼셉트론은 어떤 패턴을 인공신경망의 입력층에 입력했을 때 패턴 간 관계를 자동적으로 조정하는 게 가능했고 간단한 덧셈 뺄셈도 했다. 이후 인공신경망 모형은 발전을 거듭해 계량적 의사결정과 주가, 환율 등의 예측 및 기업 신용평가, 재무 및 회계, 경영 전략 등을 지원할 수 있게 됐고 앞선 영화와는 달리 최고경영자(CEO)를 보조하는 역할도 하게 됐다.
>
> 이처럼 경영과학이 CEO를 보조하는 사례는 다양하다. 캐나다 마운트시나이병원은 경영과학의 원조 격인 '선형계획(linear programming)' 중 목적계획법과 정수계획법을 활용해 고정된 예산 내에서 운영비 최소화, 과잉서비스 해결 등의 성과를 냈다. 이 덕분에 오래 걸리던 병원의 스케줄 작성을 1~2시간으로 단축할 수 있었고, 이는 연간 2만 달러의 비용절감 효과를 가져왔다. 인공지능, 인공신경망을 두려워할 필요는 없다.
>
> 그들은 CEO가 할 수 있는 가장 중요한 일인 '비정형적 의사결정'을 대신할 수 없다. 다만 CEO가 목표와 비전을 세우면 충실한 조력자가 돼 '정형적 의사결정'을 도와줄 것이다.

① 비일상적이면서 특수적 상황의 성격을 띠고 있다.

② 이러한 의사결정의 경우 문제해결안이 조직의 정책 또는 절차 등에 의해 미리 상세하게 명시되어 있다.

③ 주로 고위층에서 처리하게 되는 경향이 강하다.

④ 의사결정의 수준은 전략적 의사결정이다.

> (Tip) 비정형적의사결정은 비구조화된 결정 문제 즉, 비일상적이면서 특별한 상황 하에서 내려지게 되는 의사결정이므로 문제해결에 있어서 그 방안은 주로 문제가 정의된 다음에 해당 상황에 맞게 창의적으로 결정하게 된다. ②는 정형적 의사결정에 관한 내용이다.

Answer↱ 46.② 47.③ 48.③ 49.③ 50.②

02 조직행위

1 다음 중 조직의 성격 및 특성에 관한 설명으로 가장 옳지 않은 것을 고르면?

① 직분으로서의 목적과 이의 달성을 위한 직위에 의하여 뒷받침되고 있는 의식적으로 조정된 직능의 체계이다.

② 투입, 산출, 피드백을 통해 외부환경과 상호작용을 하는 개방체계이다.

③ 성장과 변화에 대응하지 않는 정태적 균형을 추구한다.

④ 개인들로 구성된 하나의 사회체계이며 조직 전체의 목적을 달성하기 위하여 부분적 목적을 가진 하위체계들로 구성된 통합시스템이다.

 성장과 변화에 대응하는 동태적 균형을 추구한다.

2 다음 중 조직행동의 분석수준에서 이에 따르는 의존적 변수에 해당하지 않는 것은?

① 급여수준   ② 결근여부

③ 생산성   ④ 직업만족도

 조직행동의 분석수준에서 활용되는 의존적 변수

㉠ 이직(Turnover)

㉡ 결근여부(Absenteeism)

㉢ 생산성(Productivity)

㉣ 직업만족도(Job Satisfaction)

3 다음은 관료제의 기능에 대한 설명이다. 이 중 성격이 다른 하나를 고르면?

① 독선적 의사결정의 폐해   ② 형식주의에 집착

③ 일관성, 객관성, 획일성   ④ 책임 회피의 가능성

 ①②④번은 관료제의 역기능에 대한 내용이고, ③번은 관료제의 순기능에 대한 내용이다.

4 다음 박스 안의 내용은 테일러의 과학적 관리론 중 어떤 부분에 대한 설명인가?

> 테일러는 조직구조와 관련하여 직계식, 분배식 조직에서 직능 또는 기능별 조직으로의 개편설계를 주장한다. 즉 과학적 관리법은 조직 구조와 관련하여 기획과 실행의 분리를 전제로 기획 부문과 현장감독 부문을 전문화 한 기능별 조직을 축으로 한 관리시스템인 것이다. 테일러에게 있어 일에 관한 기획 및 계획은 관리자의 업무이며 이것의 실행은 노동자들의 업무라는 것이다.

① 전문화에 입각한 체계적 직무 설계
② 전문화에 기반한 조직구조의 개편
③ 생산 공정의 표준화
④ 경제인 가설에 기초한 차별적 성과급제

 전문화에 기반한 조직구조의 개편은 조직구조와 관련하여 직계식, 분배식 조직에서 직능 또는 기능별 조직으로의 개편설계(직계식 조직은 조직에서 계층이 존재하고 업무는 분담하지 않으며, 직능조직은 기획부와 생산부로 분리)를 주장한다. 다시 말해 과학적 관리법은 조직 구조와 관련하여 기획과 실행의 분리를 전제로 기획 부문과 현장감독 부문을 전문화한 기능별 조직을 축으로 한 관리시스템인 것이다. 테일러에 있어 일에 관한 기획 및 계획은 관리자의 업무이며 이것의 실행은 노동자들의 업무라는 것이다.

5 다음 중 동기부여의 중요성으로 보기 어려운 것은?

① 조직 구성원들이 소극적이면서 수동적으로 업무를 수행하게 함으로써 구성원들의 자아실현을 할 수 있는 기회를 부여한다.
② 변화에 대한 구성원들의 저항을 줄이며, 자발적인 적응을 촉진하게 함으로서 조직의 변화를 용이하게 하는 추진력이 된다.
③ 개인의 동기부여는 경쟁우위 원천으로서의 사람의 중요성이 커지는 가운데 기업경쟁력 강화의 핵심 수단이 된다.
④ 개인의 자발적인 업무수행노력을 촉진해서 구성원들로 하여금 직무만족 및 생산성을 높이고 나아가 조직유효성을 제고시키게 된다.

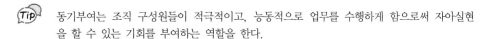 동기부여는 조직 구성원들이 적극적이고, 능동적으로 업무를 수행하게 함으로써 자아실현을 할 수 있는 기회를 부여하는 역할을 한다.

Answer ☞ 1.③ 2.① 3.③ 4.② 5.①

6 직무만족은 해당 직무에 대한 인식과 판단으로부터 오는 태도의 하나로서 한 개인의 직무나 직무경험 평가 시에 발생하는 유쾌하고 긍정적인 정서 상태를 의미하는데 다음 아래의 글을 읽고 밑줄 친 부분에 나타난 조직차원에서의 직무만족이 중요한 이유로 바르지 않은 것을 고르면?

> 잡코리아가 최근 2030 직장인 1,162명을 대상으로 '직무 전환'을 주제로 설문조사를 실시한 결과 직장인 84.4%가 '현재 종사 중인 직무가 아닌 다른 일을 하고 싶다고 생각한 적이 있다'고 밝혔다. 직무별로는 '전문/특수직(88.6%)'이 88.6%로 가장 높았으며, ▲경영/사무 87.9% ▲생산/건설 86.7% ▲IT/인터넷 직무 72.4% 등으로 집계됐다. 실제로 직무전환이 가능할 거라 생각하느냐는 질문에 '사실상 불가능'을 선택한 응답은 28.6%에 그친 반면 70% 이상의 직장인이 가능할 것으로 응답했다. '이직, 재취업을 통해 직무전환이 가능할 것'이란 응답이 41.2로 가장 높았고, '창업, 프리랜서를 선택한다'는 방식도 19.7%로 적지 않았다. 다만 '현 직장 내에서 직무전환을 신청'하는 방식을 선택하는 응답은 10.5%로 소수에 불과했다. 직장 내 직무전환에 대해서는 '생산/건설 식무' 직장인이 18.4%, 'IT/인터넷' 직무가 16.4%로 상대적으로 가능성을 높게 보고 있었다. 식상인들은 직무전환을 위해 준비 중인 활동(복수응답)으로 △전환을 희망 직무와 관련한 자격증 취득(52.2%) △외국어 공부(42.4%) △관련 창업 준비 (22.4%) △대학원 진학 또는 대학 편입(12.8%) 등을 선택했다. 또 커리어를 포기(28.2%)한다거나 현재 연봉 대비 연봉/소득 감소(21.9%)를 각오하고 있다. 이와 함께 맞벌이, 저축 등 소득감소에 대한 대비책 마련(21.6%)하고 현재 직급 대비 직급 하락 각오(17.4%) 등 현 직무를 포기할 때 겪는 것들에 대한 각오를 다진다는 응답도 적지 않았다.
>
> 한편 <u>직장인들의 직무만족도는 41.1%로 낮게 나타났다.</u> 직무별 응답군 중 절반 이상의 응답자가 만족을 나타낸 직무는 'IT/인터넷'(54.5%)이 유일했다. 반면 58.9%의 직장인은 '불만족'하고 있다. '경영/사무' 직무가 66.1%로 가장 높았고 ▲생산/건설 62.2% ▲전문/특수직 62.0% 등의 순으로 나타났다. 직장인들이 자신의 직무에 만족하지 못하는 이유(복수응답)로는 '낮은 연봉 금액(38.2%)'과 '고용불안(38.0%)', '성취감, 보람을 느끼지 못하는(34.4%)' 탓이었다. 반면 자신의 직무에 만족한다고 답한 직장인들은 '적성에 맞아서(52.1%, 복수응답)', '일에 대한 보람과 성취감을 느낄 수 있어서(35.4%)', '안정적으로 쭉 일할 수 있다고 기대해서(34.9%)' 등을 이유로 꼽았다.

① 직무에 대한 높은 내적동기유발과 연계되어 있는 직무 만족은 작업자의 성과에 직접적인 영향을 준다.

② 자신의 직무를 좋아하는 사람은 조직 외부뿐만 아니라 조직 내부에서도 원만한 인간관계를 유지하고 조직분위기를 화목하게 만든다.

③ 자신의 직무에 만족하는 사람은 외부사회에서 자신의 조직에 대해 긍정적인 태도를 보이게 된다. 이는 외부 PR 효과로 연결되어 신입사원의 원활한 충원과 일반 대중의 조직에 대한 호감을 유도할 수 있다.

④ 직무만족이 높게 되면 이직율과 결근율이 크게 증가됨으로서 생산성 향상에 기여할 수 없게 된다.

(Tip) 직무만족이 높게 되면 이직율과 결근율이 크게 감소됨으로서 생산성 향상에 기여할 수 있다.

7 다음 내용은 X이론에 관련한 것이다. 이 중 가장 거리가 먼 것을 고르면?

① 변화에 대해서 싫어하며 저항하는 경향을 보인다.

② 대다수의 사람들은 게으르고 일하기를 싫어하는 경향을 보인다.

③ 타인 중심적이고 조직의 요구에 많은 관심을 가지는 경향을 보인다.

④ 양심도 없고 책임지기를 싫어하는 경향을 보인다.

> (Tip) X이론에서는 사람이 자기중심적이고 조직요구에 무관심한 경향을 보인다.

8 아래 제시된 내용 중 중앙집권적인 소매조직에 대한 설명으로 옳은 것을 모두 고르면?

> ㉠ 소매의사결정 권한이 본사의 관리자에게 위임되어 있다.
> ㉡ 경상비가 줄어드는 장점이 있다.
> ㉢ 공급업체로부터 저가에 제품을 공급받을 수 있다.
> ㉣ 지역시장의 취향에 맞는 상품조정 능력이 탁월하다.
> ㉤ 지역적 경쟁대응능력이 뛰어나다.
> ㉥ 규모의 경제를 실현할 가능성이 높다.
> ㉦ 고객에게 언제 어디서나 동일한 일체감을 줄 수 있으므로 신뢰성을 높일 수 있다.

① ㉠, ㉡, ㉢, ㉣

② ㉠, ㉡, ㉢, ㉥, ㉦

③ ㉠, ㉡, ㉢, ㉣, ㉤

④ ㉡, ㉢, ㉣, ㉤, ㉦

> (Tip) 중앙집권적인 소매조직은 전체조직의 의사결정권한이 본사에 집중되어 있는 조직을 의미한다. 이 경우 본사는 하위조직이 판매할 제품의 일괄구매를 담당하고 하위조직은 본사의 방침에 따라 판매만을 담당하게 된다. 또한, 공급업체로부터 제품을 대량 구매하게 되므로 가격을 낮출 수 있어 규모의 경제를 실현할 수 있다. 하지만 지역적 상황에 따른 대응능력이 취약하고, 지역시장의 취향에 맞는 상품조정능력이 떨어진다는 단점이 있다.

9 다음 중 행동과학에 대한 설명으로 바르지 않은 것은?

① 인간에 대한 일반이론의 수립을 목표로 제 과학 분야에서 이루어지는 행동연구를 하나의 통일적 이론체계로 종합하려는 학문의 성격이 짙다.

② 개인의 주관이 개입되지 않은 객관적이면서 과학적인 방법으로 수집된 실증적 증거를 토대로 인간행동을 설명하기 때문에 인간행위에 관한 일반화가 가능하다.

③ 행동과학자들은 협동-동의체계 또는 권력평등화 체계를 주장하고 있다.

④ 행동과학자들은 구성원들의 행위를 통해 현상을 설명만 할 뿐 구성원들에게 체계를 변화시키는 변화담당자로서의 역할은 강조하고 있지 않다

> (Tip) 행동과학자들은 구성원들의 행위를 통해 현상을 설명할 뿐만 아니라, 구성원들에게 체계를 변화시키는 변화담당자로서의 역할도 강조하고 있다.

10 다음 종업원 평가방법 중 성적순위 서열법에 대한 내용으로 바르지 않은 것은?

① 분석 순위법은 평가 시 여러 가지 평가 요소를 설정, 각 요소에 대해 순위를 매긴 후에 종합해서 성적을 산출하는 방법이다.

② 분석 순위법의 경우 복잡한 방식이긴 하지만 피평가자의 수가 많으면 많을수록 순위를 매기기가 용이해진다.

③ 성적순위 서열법은 종업원의 순위를 매겨서 해당 순위를 나타내는 숫자를 피평가자의 득점으로 하는 방법을 말한다.

④ 종합 순위법은 인간의 육감에 의한 평가에 치우치기 쉬운 경향이 있으므로 이러한 방법으로만 단독으로 활용하기에는 다소 문제가 있다.

> (Tip) 분석 순위법은 평가 시에 갖가지 평가 요소를 설정, 각 요소에 대해 순위를 매긴 후 종합하여 성적을 산출하는 방법인데 복잡하고 손이 많이 가게 되고, 피평가자의 수가 많으면 순위를 매기기 곤란할 뿐만 아니라 주관적 성격이 강해 신뢰성 및 타당성 등이 결여될 가능성이 있다. 그러므로 종업원 평가의 핵심적 요건인 객관성의 확보라는 목적에 적합하지 않고, 오로지 집단의 순위결정에만 한정되어 있어 상이집단의 비교가 불가능하다는 한계가 있다.

11 다음 조직몰입에 대한 변수 중 그 성격이 다른 하나는?

① 직무관련 특성　　　　　　　② 직무몰입
③ 작업 경험　　　　　　　　　④ 개인적 요인

 ①·③·④번은 조직몰입의 선행변수에 속하며, ②번은 결과변수에 속한다.

PLUS tip
────────────────────────────────
㉠ 조직몰입의 선행변수
• 직무관련 특성
• 구조적 특성
• 작업경험
• 개인적 요인
㉡ 조직몰입의 결과변수
• 직무노력
• 잔류의도
• 직무몰입
• 참여도

12 다음 중 직무만족에 대한 내용으로 가장 바르지 않은 것은?

① 직무에 대한 인식 및 판단으로부터 오는 태도의 하나이다.
② 직무만족은 직무 및 직무의 측면에 대한 반응만을 의미한다.
③ 직무만족은 담당자의 객관적인 판단에서 비롯된 객관적 개념이란 특징이 있다.
④ 직무만족은 직무에서 개인이 원하는 것과 실제로 얻는 것과의 비교로서 나타난다.

 직무만족은 담당자의 주관적인 판단에서 비롯된 주관적 개념이란 특징이 있다.

Answer ↳ 9.④　10.②　11.②　12.③

13 다음 중 직무만족에 있어서의 결정요인으로 보기 어려운 것은?

① 리더십 스타일   ② 보상체계

③ 개인속성   ④ 사회적 영향요인

 직무만족의 결정요인
㉠ 리더십 스타일
㉡ 조직구조
㉢ 직무자체
㉣ 승진가능성
㉤ 개인속성
㉥ 보상체계
㉦ 규모
㉧ 동료 작업자와의 관계

14 다음 스트레스에 의한 증상 중 장기적 증상에 해당하지 않는 것은?

① 위궤양   ② 체중감소 또는 비만

③ 두통   ④ 혈압상승

 두통은 스트레스에 의한 단기적 증상에 해당한다.

PLUS tip

스트레스에 의한 증상
• 불특정 증상 : 노어아드레날린, 아드레날린, 임파선기능저하, 흉성기능 저하, 소화산 분비 등
• 단기적 증상 : 호흡수의 증가, 심박 수의 증가, 두통 등
• 장기적 증상 : 위궤양, 체중감소(또는 비만), 혈압상승, 식욕상실 등

15 다음 중 동기부여의 중요성에 해당하지 않는 것은?

① 개인의 동기부여는 경쟁우위 원천으로서 사람의 중요성이 커지는 가운데 기업경쟁력 강화의 핵심 수단이 된다.

② 변화에 대한 구성원들의 저항을 줄이고 자발적인 적응을 촉진함으로서 조직변화를 용이하게 하는 추진력이 된다.

③ 구성원 개개인으로 하여금 과업수행에 대한 자신감 및 자긍심을 갖게 한다.

④ 조직 구성원들이 소극적이고 수동적으로 업무를 진행하게 함으로써 자아실현을 할 수 있는 기회를 부여한다.

 ㉠ 동기부여는 개인의 자발적인 업무수행노력을 촉진하여 직무만족 및 생산성을 높이고 나아가 조직유효성을 제고시킨다.
ㄴ 개인의 동기부여는 경쟁우위 원천으로서의 사람의 중요성이 커지는 가운데 기업경쟁력 강화의 핵심 수단이 된다.
ㄷ 동기부여는 변화에 대한 구성원들의 저항을 줄이고 자발적인 적응을 촉진함으로서 조직변화를 용이하게 하는 추진력이 된다.
ㄹ 동기부여는 구성원 개개인으로 하여금 과업수행에 대한 자신감 및 자긍심을 갖게 한다.
ㅁ 동기부여는 조직 구성원들이 적극적이고 능동적으로 업무를 진행하게 함으로써 자아실현을 할 수 있는 기회를 부여한다.

16 다음 중 X이론에 대한 설명으로 가장 부적절한 것은?

① 양심도 없고 책임지기를 싫어한다.

② 지시에 따르기를 싫어한다.

③ 자기중심적이고 조직의 요구에 무관심하다.

④ 대부분의 인간들은 게으르고 일하기를 싫어한다.

 X이론에서 인간은 지시에 따르기를 좋아한다고 하고 있다.

Answer ↪ 13.④ 14.③ 15.④ 16.②

17 다음 중 알더퍼의 ERG 이론에 대한 설명으로 바르지 않은 것은?

① ERG 이론은 연구조사가 불가능한 이론으로 Maslow나 Herzberg의 2요인이론보다도 훨씬 유용하지 못하고 비현실적인 방안이라는 평가를 받고 있다.

② 존재욕구는 인간존재의 유지에 필요한 생리적·물질적인 욕구를 의미하는데, 매슬로우의 생리적 욕구 및 안전의 욕구가 이러한 범주에 해당된다고 할 수 있다.

③ 관계욕구는 바람직한 인간관계에 대한 욕구를 의미하는데, 매슬로우가 말하는 애정 및 소속감의 욕구와 일부의 안정욕구 및 일부의 존경욕구 등이 이러한 범주에 해당된다고 할 수 있다.

④ 성장욕구는 자기능력 개발 및 새로운 능력의 보유노력을 통해 자기 자신의 지속적인 성장 및 발전을 추구하는 욕구를 의미하는데, Maslow의 자기실현욕구와 일부의 존경욕구가 이에 해당한다고 할 수 있다.

> **Tip**
> ERG 이론은 연구조사가 가능한 이론으로써 Maslow나 Herzberg의 2요인이론보다 훨씬 유용하고 현실적인 방안이라는 평가를 받고 있다.

18 다음 중 Herzberg의 2요인 이론에 대한 설명으로 가장 거리가 먼 것은?

① 사람들에게 만족을 주는 직무요인과 불만족을 주는 직무요인은 서로가 별개라는 것을 알아내고 만족을 주는 동기요인 및 불만족을 제거해주는 위생요인을 구분한 동기-위생요인이론(2요인 이론)을 제시하였다.

② 2요인 이론에서는 만족 및 불만족이 서로 별개의 차원이고, 각 차원에 작용하는 요인은 모두 동일한 것이라고 가정한다.

③ 인간에게는 성장하고자 하는 욕구인 동기요인(Motivators)과 고통을 회피하려고 하는 욕구인 위생요인(Hygiene Factors)이라는 두 종류가 있다고 하였다.

④ 동기요인은 작업자들로 하여금 직무에 대한 만족을 느끼게 하고, 작업자의 동기부여를 유발하는 직무내용과 관련된 요인들로서 '직무 자체, 성취감, 책임감, 안정감, 성장과 발전, 도전감' 등의 요인들이 있다.

> **Tip**
> 2요인 이론에서는 만족과 불만족이 서로 별개의 차원이고, 각 차원에 작용하는 요인 역시 별개의 것이라고 가정하고 있다.

19 다음 중 Adams의 공정성 이론(Equity Theory)에 대한 내용으로 가장 거리가 먼 것은?

① 조직 공정성은 3가지 측면에서 고려되어지고 있는데 배분적, 절차적, 결과적 공정성으로 나누어진다.

② 구성원들이 준거인이나 또는 준거집단과 비교해서 불공정성을 느끼게 될 경우 이에 대해 여러 가지 방법으로 불공정상태를 해소하고자 하며, 이와는 반대로 공정성을 느낄 때에는 동기가 부여된다고 하는 이론이다.

③ 분배적 공정성이란 회사의 자원을 구성원들 사이에 공평하게 분배했느냐의 문제를 의미한다.

④ 구성원들이 인지하는 바를 이해하고 형평의 원칙을 준수하며, 특히 금전적 보수체계의 공정성을 확보할 수 있는 장치를 마련하는 것이 구성원들의 동기화에 있어 상당히 중요하다는 점을 인지할 필요성을 제시하고 있다.

 조직 공정성은 분배적(Distributive), 절차적(Procedural), 관계적(Interactional) 공정성의 3가지의 측면에서 고려되어지고 있다.

20 다음 목표설정이론(Goal Setting Theory : Locke)에 대한 내용 중 좋은 목표의 요건과 그에 대한 설명의 연결이 바르지 않은 것을 고르면?

① 참여성 : 목표설정의 과정에 당사자가 참여하는 것이 바람직하다.

② 능력 : 능력이 높을수록 쉬운 목표가 좋다.

③ 구체성 : 수량, 기간, 절차, 범위가 구체적으로 정해진 목표가 좋다.

④ 피드백 : 목표이행 정도에 대해 당사자에게 피드백이 있는 것이 좋다.

Tip 좋은 목표의 요건
　ㄱ 경쟁 : 목표달성 과정에서 경쟁이 전혀 없는 것보다 약간의 경쟁이 있는 것이 좋다.
　ㄴ 합리적 보상 : 목표달성에 상응하는 보상이 주어져야 한다.
　ㄷ 능력 : 능력이 높을수록 어려운 목표가 좋다.
　ㄹ 구체성 : 수량, 기간, 절차, 범위가 구체적으로 정해진 목표가 좋다.
　ㅁ 난이도 : 능력의 범위 내에서 약간 어려운 것이 좋다.
　ㅂ 수용성 : 통상적으로 지시하는 것보다는 상대가 동의한 목표가 좋다.
　ㅅ 피드백 : 목표이행 정도에 대해 당사자에게 피드백이 있는 것이 좋다.
　ㅇ 단순성 : 과업에 대한 목표는 복잡한 것보다 단순한 것이 좋다.
　ㅈ 참여성 : 목표설정의 과정에 당사자가 참여하는 것이 바람직하다.

Answer ⤷ 17.① 18.② 19.① 20.②

21 다음 중 인지평가이론(Cognitive Evaluation Theory)에 대한 설명으로 가장 옳지 않은 것은?

① 개인이 조직으로부터 보상을 받을 때에 어떻게 받는 것이 가장 동기화되는지에 초점을 맞춘 이론을 말한다.

② 외부적인 강화 요인을 얻은 사람은 자신의 행위를 외부적으로 귀속시키게 되고, 그 결과 과업에 대한 그의 내재적 관심은 줄어들게 된다는 것이다.

③ 인지평가이론은 긍지, 성취감, 칭찬, 책임과 같은 내적 동기부여 요소와 임금, 작업조건, 승진 등의 외적인 동기부여 요소를 독립적인 것으로 가정하고 있다.

④ 인지평가이론에 대한 평가를 보면 내적인 모티베이션의 수준이 아주 높은 사람들에게 외적 보상을 감소시키려 할 경우에는 강한 저항을 하거나 단순한 직무는 외적 보상이 효과적이라는 비판이 있지만 내적 보상을 받고 있는 사람에게 화폐적 보상을 할 때 유의해야 한다는 점을 시사하고 있다.

 전통적인 동기부여 이론은 성취감, 긍지, 책임, 칭찬과 같은 내적 동기부여 요소와 임금, 작업조건, 승진 등의 외적 동기부여 요소를 독립적인 것으로 가정하였지만, 인지평가이론 (Cognitive Evaluation Theory)에서는 성과에 대한 화폐보상 같은 외재적 보상이 자기 흥미 및 통제감 등의 내재적인 보상을 감소시킬 수 있다고 주장하였다.

22 다음 중 시스템이론의 기본원리에 관한 설명으로 옳지 않은 것은?

① 시스템이론은 인간에 대해 중립적인 자세를 취한다.

② 시스템은 외부와 환경, 정보, 에너지 등을 교환한다.

③ 시스템은 환경과 자신을 구분하는 경계를 가지고 있다.

④ 폐쇄시스템은 엔트로피가 중지되거나 감소될 수 있다.

 개방시스템은 폐쇄시스템과 달리 외부로부터 에너지를 받아들일 수 있기 때문에 엔트로피가 중지되거나 감소될 수 있다.

23 다음의 기사를 읽고 밑줄 친 부분에 대한 특성으로 가장 바르지 않은 것을 고르면?

> 롯데홈쇼핑은 14일 서울 양평동 본사에서 한국투명성기구와 '윤리경영 세미나'를 개최했다고 15일 밝혔다. 롯데홈쇼핑은 지난 8월 국내 민간기업 최초로 한국투명성기구와 '청렴경영 협약'을 맺고 롯데홈쇼핑의 반부패 청렴 시스템 구축, 청렴도 향상·윤리경영 문화 정착을 위한 교육, 경영 투명성과 윤리성 확보를 위한 활동 등을 함께 추진하기로 했다.
>
> 이번 '윤리경영세미나'에서는 문형구 고려대학교 경영학과 교수가 '윤리경영의 원칙과 필요성'을, 강성구 한국투명성기구 상임정책위원이 '사례를 통해 본 윤리경영의 방향'을 주제로 강의를 진행했다. 문형구 교수는 <u>윤리경영</u>을 통해 혁신이 이뤄지고 기업의 재무성과가 높아진 실제 연구사례를 들며 윤리경영의 필요성에 대해 강조했으며, "롯데홈쇼핑이 잘못된 관행을 타파하고 올바르게 사업을 진행해 나가 윤리적으로 모범이 되는 기업으로 거듭나길 바란다"고 말했다. 또 강성구 상임정책위원은 윤리적인 기업으로 꼽히는 '존슨 앤 존슨'과 '유한킴벌리'의 경영 사례를 자세히 설명하고 "윤리경영을 위해 기업의 운영과정을 투명하게 공개하는 것이 중요하다"고 강조했다. 강연을 마친 후에는 개인 비리를 막을 수 있는 조직의 대응방안 등 윤리적인 기업으로 거듭나는 방법에 대한 질의응답이 이어졌다. 임삼진 롯데홈쇼핑 CSR동반성장위원장은 "투명하고 공정한 기업으로 거듭나기 위한 방법에 대해 늘 고민하고 있다"며, "강연을 통해 얻은 내용들을 내부적으로 잘 반영해 진정성 있는 변화의 모습을 보여 드리겠다"고 말했다.

① 윤리경영은 경영상의 관리지침이다.
② 윤리경영은 경영활동의 규범을 제시해준다
③ 윤리경영은 응용윤리이다.
④ 윤리경영은 경영의사결정의 도덕적 가치기준이다.

 윤리경영의 특징
   ㉠ 경영활동의 옳고 그름에 대한 판단 기준이다.
   ㉡ 경영활동의 규범을 제시해 준다.
   ㉢ 경영의사결정의 도덕적 가치기준이다.
   ㉣ 응용윤리이다.

Answer↪ 21.③ 22.④ 23.①

24 다음 중 개인이 자신의 일을 유능하게 수행할 수 있다는 느낌을 갖도록 하는 활동과 그 결과 그렇게 되는 것을 가리키는 것은?

① 조직변혁
② 리더십
③ 임파워먼트
④ 학습조직

 임파워먼트는 개인이 자신의 일을 유능하게 수행할 수 있다는 느낌을 갖도록 하는 활동과 그 결과 그렇게 되는 것을 가리키는 것으로 개인이 일는 과정에서 지속적으로 주도권을 행사하는 것을 중시하는 개념이다.

25 최근 들어 많은 유통기업들은 자사의 성과를 향상시키기 위한 방법으로 소비자심리를 파악하여 구매동기나 구매 욕구를 자극하고 있는데 다음 중 이와 관련된 이론적 설명으로 가장 옳지 않은 것을 고르면?

① Freud에 따르면 소비자는 특별한 상표를 검토할 때 이미 기업이 주장한 해당 상표의 능력뿐만 아니라 기타 무의식적인 단서에 반응하므로 형태, 크기, 무게, 자재, 색상 및 상표명 등으로 동기를 부여하여야 한다.

② Maslow는 소비자들이 특정한 시기에 특정한 욕구에 의해 움직인다는 것을 욕구단계설로 주장하였다.

③ Maslow는 욕구단계설에서 예를 들어 배고픈 사람은 예술세계의 최근 동향, 다른 사람들에게 어떻게 보일까하는 문제, 자기가 깨끗한 공기를 마시고 있는지에 관해서는 관심이 없다는 것을 주장하였다.

④ Herzberg는 동기부여 이론에서 불만족 요인과 만족 요인을 개발하였는데, 불만족 요인이 없다는 것으로도 충분히 구매동기를 부여할 수 있다고 판단함으로써 기업들은 불만족 요인의 제거를 통해 구매동기를 부여할 수 있다고 주장하였다.

 허즈버그(F. Herzberg)의 2요인 이론은 사람들에게 만족을 주는 직무요인과 불만족을 주는 직무요인이 별개라는 것이다. 그리하여 만족과 불만족을 동일선상의 양극점으로 파악하던 종래의 입장과는 달리 만족과 불만족이 전혀 별개의 차원이고 각 차원에 작용하는 요인 역시 별개라는 것이다. 따라서 불만족이 해소된다고 해서 구매동기가 생기는 것은 아니다. 구매동기에 영향을 미치는 요인은 별개이다.

26 다음 중 르위키 앤 벙커(Lewicki & Bunker)가 말한 신뢰의 발전 단계를 순서대로 바르게 표현한 것은?

① 동일화의 신뢰 → 타산적(계산적) 신뢰 → 지식기반 신뢰

② 타산적(계산적) 신뢰 → 동일화의 신뢰 → 지식기반 신뢰

③ 타산적(계산적) 신뢰 → 지식기반 신뢰 → 동일화의 신뢰

④ 동일화의 신뢰 → 지식기반 신뢰 → 타산적(계산적) 신뢰

 르위키 앤 벙커(Lewicki & Bunker)가 말한 신뢰의 발전 단계
타산적(계산적) 신뢰 → 지식기반 신뢰 → 동일화의 신뢰

27 박스 안에 기술된 직무스트레스 관리방안과 관련성이 높은 설명은?

> 작업에 영향을 주는 의사결정에서 개인을 참여시키는 일 등이 의도적 조작에 의해 가능하다. 그 결과로서 직무에 대한 역기능적 스트레스를 감소시킬 수 있고, 개인과 직무 구조를 분석하고 개선하는 데 가장 앞선 기술이다.

① 가능한 한 의사결정을 분권화시키고 의사결정참여(participation in decision making : PDM) 기회를 증대시킴으로써 개인의 작업에 대한 재량권과 자율성을 강화하는 것이다.

② 개인이 필요로 하는 정서적 · 정보적 · 평가적 · 도구적 지원을 통해 개인의 업무스트레스로 인한 여러 가지 부정적인 심리적 · 생리적 효과를 개선하고자 하는 데 목적이 있다.

③ 개인의 과제수행 역할을 명확히 하여 스트레스를 야기하는 혼동과 갈등을 감소시키는 방법이다.

④ 보다 공식적인 스트레스 관리 방안으로 종업원의 직무와 직무 고유의 특성에 기초하여 개선된 직무확대 및 직무충실을 통해 스트레스를 관리하는 방법이다.

 박스 안의 내용은 직무스트레스 관리방안 중 하나인 '직무재설계'에 관한 것이다. 직무재설계에 의한 방안은 근로자들의 능력과 적성에 맞게 직무를 설계하고, 직무요구에 맞는 기술 습득을 위한 훈련프로그램을 개발 · 실행하며, 선발 및 승진결정 시에 개인의 직무적성을 고려하여 실행하는 방법이다. 이 방법은 개인에게 부여된 직무를 변경시키는 데 그 목적이 있다. ① 참여적 관리, ② 사회적 지원, ③ 역할분석을 각각 설명한 것이다.

Answer ⟶ 24.③ 25.④ 26.③ 27.④

28 다음 중 조직행위론에서 말하는 조직의 유효성에 영향을 미치는 개인의 특성 요소(심리적 변수)에 속하지 않는 것을 고르면?

① 지각 ② 학습
③ 태도 ④ 습관

 조직의 유효성에 영향을 미치는 개인의 특성 요소
ㄱ 학습(Learning)
ㄴ 퍼스낼리티(Personality)
ㄷ 지각(Perception)
ㄹ 태도(Attitudes)

29 아래 내용은 고객의 특성을 이해해서 기업경영에 있어서 성공을 거둔 사례이다. 해당 기업에서 경영에 적용한 고객의 특성은 무엇인가?

> 미국 홈 디포의 경우에는 목표로 한 고객층이었던 DIY(DO-It-Yourself)족이 나이를 먹어감에 따라 이들의 욕구도 변할 것이라고 생각하였다. 점포에서 무료상담 및 낮은 가격으로 직접 카펫이나 또는 문난방 시스템 등을 설치해 주는 서비스를 시작해서 대성공을 거두었다.

① 고객의 접촉 중시
② 고객의 가치 중시
③ 고객의 신뢰 중시
④ 고객의 민감한 변화 중시

 고객의 욕구는 연령, 경험, 사회, 문화 등에 따라 변화하며, 단순히 고객이 상품을 구매하는 존재가 아닌 지속적인 동반자로 인지를 함으로써 고객의 입장에서 봤을 때의 점포에 왔을 시 느낄 수 있는 부분들에 대한 고객의 욕구를 충족시키는 것이라 할 수 있다.

30 다음 중 조직이론의 변천 과정이 바르게 연결된 것은?

① 폐쇄-사회적 조직이론 → 개방-사회적 조직이론 → 폐쇄-합리적 조직이론 → 개방-합리적 조직이론

② 폐쇄-합리적 조직이론 → 개방-합리적 조직이론 → 폐쇄-사회적 조직이론 → 개방-사회적 조직이론

③ 폐쇄-합리적 조직이론 → 폐쇄-사회적 조직이론 → 개방-합리적 조직이론 → 개방-사회적 조직이론

④ 폐쇄-사회적 조직이론 → 폐쇄-합리적 조직이론 → 개방-합리적 조직이론 → 개방-사회적 조직이론

(Tip) 폐쇄-합리적 조직이론(1900~1930년대) → 폐쇄-사회적 조직이론(1930~1960년대) → 개방-합리적 조직이론(1960~1970년대) → 개방-사회적 조직이론(1970년대 이후)

31 다음 중 팀제의 특성에 대한 설명으로 바르지 않은 것은?

① 팀의 자율적 운영을 통해 구성원의 자아욕구를 충족하고 성취감을 높인다.
② 경영환경에 유연하게 대처하지 못해 기업의 경쟁력을 제고할 수 없다.
③ 업무중심의 조직이므로 의사결정의 신속성과 기동성을 제고할 수 있다.
④ 구성원간의 이질성과 다양성의 결합과 활용을 통한 시너지 효과를 촉진한다.

(Tip) 경영환경에 유연하게 대처하여 기업의 경쟁력을 제고할 수 있다.

Answer ↪ 28.④ 29.④ 30.③ 31.②

32 다음 중 리더십의 특징에 대한 설명으로 가장 거리가 먼 것을 고르면?

① 리더는 공식, 비공식 조직 어떤 조직이나 모두 존재한다.

② 목표 및 미래지향적 관심과 비전을 제시할 수 있는 안목 및 능력을 소유하고 있다.

③ 리더와 추종자 간의 상호관계중심이다.

④ 리더의 유형은 고정성이며, 상황에 의한 가변성 및 신축성을 보이지 않는다.

 리더십의 특징
ㄱ 리더와 추종자간의 상호관계중심
ㄴ 조직의 일체성 강조, 동기부여 적극 활용, 권위 및 상징의 지배수단 소유
ㄷ 리더는 공식, 비공식 조직 어떤 조직이나 모두 존재
ㄹ 리더의 유형은 비고정성이며, 상황에 따라 가변성과 신축성을 보임
ㅁ 평소보다 위기상황일 때에 리더는 선악구별 기준이 명확한 이원적 세계관을 지니며, 타인의 의사나 충고를 무시하는 성향을 보임
ㅂ 환경을 중시하며, 구성원을 이끄는 능력과 조직 내외적 상황의 관리능력
ㅅ 목표 및 미래지향적 관심과 비전을 제시할 수 있는 안목 및 능력의 소유

33 다음 중 하우스와 미첼의 경로목표이론에 대한 설명으로 옳지 않은 것을 고르면?

① 배려형 리더십 유형에 모티베이션의 기대이론을 접목시킨 이론이라고 볼 수 있다.

② 리더십과 동기부여이론을 결합한 것이다.

③ 이론이 너무 간단하여 검증이 쉽고 명확하게 추구해야 할 목표를 제시하기가 용이하기 때문에 경영자들이 실무에 적용하는 데에 있어 한계가 없다.

④ 4가지 리더십(참여적 리더, 지시적 리더, 지원적 리더, 성취 지향적 리더)은 한 사람의 리더에 의해 상이한 상황에 따라 활용 가능하므로 리더는 부하들의 특성 및 작업환경의 특성을 함께 고려해서 적절한 리더십을 발휘함으로써 부하들의 목표에 대한 유의성 및 기대감에 영향을 미쳐 이들이 동기수준과 노력 및 성과와 업무만족도를 높일 수 있어야 한다는 것을 제시해 주고 있다.

 너무 복잡해서 검증이 어렵고 명확하게 추구해야 할 목표를 제시하기 어렵기 때문에 경영자들이 실무에 적용하는 데에는 한계가 있다.

34 다음 중 영향력이 이루어지는 과정을 바르게 나타낸 것은?

① 순종 → 내면화 → 동일화
② 순종 → 동일화 → 내면화
③ 내면화 → 순종 → 동일화
④ 내면화 → 동일화 → 순종

 영향력이 이루어지는 과정
순종 → 동일화 → 내면화

35 다음 중 거래적 리더십에 대한 내용으로 틀린 것은?

① 소극적인 성격의 리더십이다.
② 내재적인 동기부여 전략을 취한다.
③ 교환관계를 목표로 한다.
④ 단기적인 효율성과 타산에 관심을 지닌다.

 거래적 리더십은 외재적인 동기부여 전략을 취한다.

PLUS tip

거래적 리더십 및 변혁적 리더십의 비교

구분	거래적 리더십	변혁적 리더십
목표	교환관계	변혁 또는 변화
성격	소극적	적극적
관심대상	단기적인 효율성과 타산	장기적인 효과와 가치의 창조
동기부여 전략	• 부하들에게 즉각적이고 가시적인 보상으로 동기부여 • 외재적 동기부여	• 부하들에게 자아실현과 같은 높은 수준의 개인적 목표를 동경하도록 동기부여 • 내재적 동기부여
행동 기준	부하들이 규칙과 관례에 따르기를 선호	변화에 대한 새로운 도전을 하도록 부하를 격려함
적절한 상황	• 업무성과를 조금씩 개선하려 할 때 • 목적을 대체시키려 할 때 • 특정행위에 대해 저항을 감소시키려 할 때	• 조직합병을 주도하려 할 때 • 조직을 위해 신규부서를 만들려 할 때 • 조직문화를 새로 창출하고자 할 때
리더십 요인	• 업적에 따른 보상 • 예외관리	• 이상적 영향력 : 부하들에게 강력한 역할모델이 되는 리더 • 영감적 동기부여 : 부하들의 의욕을 끊임없이 고무시키는 리더 • 지적 자극 • 개별화된 배려

Answer → 32.④ 33.③ 34.② 35.②

36 인간관계론에 대한 아래의 내용 중 설득력이 가장 떨어지는 것은?

① 참여 및 민주적인 리더십의 강조
② 개인적 만족 및 공식집단이 생산성에 영향
③ 사회인 가설에 의거한 모티베이션
④ 인간의 심리적인 사회적 욕구가 중요

> (Tip) 인간관계론에서는 개인적 만족 및 비공식집단이 생산성에 영향을 미친다.

37 다음 중 근대적 관리론자인 버나드의 주장으로 옳지 않은 것은?

① 조직을 인간의 협동적 노력의 결정체인 협동시스템으로 간주한다.
② 조직이 성립하기 위해서는 개인들의 공헌의욕과 개인들의 활동을 총괄할 수 있는 공통목적이 필요하다.
③ 인간을 합리적 경제인이 아닌 제한된 합리성을 지닌 관리인으로 바라본다.
④ 조직이 공헌의욕을 확보하기 위해서는 개인에게 확실한 유인을 제공하여야 한다.

> (Tip) 인간을 합리적 경제인이 아닌 제한된 합리성을 지닌 관리인으로 바라보는 것은 또 다른 근대적 관리론자인 사이먼의 주장이다.

38 다음 중 Y이론에 대한 일반적인 설명으로 가장 옳지 않은 것은?

① 동기부여는 물질적 · 경제적 수준에서 이루어진다.
② 사람들은 자신이 책임을 느끼는 목표를 달성하기 위해 자기지시 및 자기통제를 한다.
③ 사람들은 적절히 동기가 부여되면 일에 있어 자기통제적일 수 있고 창조적일 수 있다.
④ 조직의 문제를 해결하는 데 필요한 창조적 능력은 인간에게 광범하게 분산되어 있다.

> (Tip) Y이론에서 동기부여는 물질적 · 경제적 수준에서 뿐만 아니라 심리적 · 사회적인 수준에서도 이루어진다.

39 다음 중 목표접근법에 관한 설명으로 가장 거리가 먼 것은?

① 애매모호하지 않은 측정 가능한 목표를 강조한다.

② 조직은 궁극적인 목표를 지닌다.

③ 측정지표로는 조직몰입, 직무만족, 결근율, 이직률, 근로생활의 질 등이 있다.

④ 목표의 내용이 제한되어 있는 관계로 목표에 대한 일반적인 합의가 있다.

 ③번은 시스템 접근법의 측정지표이다.

PLUS tip

목표접근법 및 시스템 접근법의 비교

요소 \ 접근법	목표접근법	시스템 접근법
가정	• 조직은 궁극적 목표를 지님 • 목표의 내용이 한정되어 있어 목표에 대한 일반적인 합의가 있음 • 목표에 대한 진전도는 측정가능	• 목표보다 과정이 중요 • 환경과의 우호적 관계가 조직의 생존에 중요
측정지표	생산성, 이윤, 매출액, 투자수익률, 매출액이익률 등	직무만족, 조직몰입, 근로생활의 질, 이직률, 결근률 등
문제점	• 누구의 목표냐 하는 문제 • 공식목표와 실제목표의 문제 • 단기목표냐 장기목표냐의 문제 • 다원적 목표 간의 비중문제	• 측정지표 정의의 문제 • 과정의 강조에 따른 문제 • 이것도 결국 수단목표라고 할 수 있음
경영자에의 참여	• 실제목표설정 • 애매하지 않은 측정가능목표 강조	조직의 장기적인 건강과 생존 고려

40 다음 중 지각의 조직화 원리에 속하지 않는 것은?

① 연속성　　　　　　　　　　② 근접성

③ 완결성　　　　　　　　　　④ 이질성

 지각의 조직화 원리
　　㉠ 완결성
　　㉡ 유사성
　　㉢ 근접성
　　㉣ 연속성
　　㉤ 전경과 배경의 관계

41 다음 중 태도와 행동의 관계에 영향을 미치는 요소로 보기 어려운 것은?

① 태도의 구체성

② 사회적 압력의 존재

③ 태도에 대한 간접적 경험

④ 태도의 기억가능성

 태도 및 행동의 관계에 영향을 미치는 요소
　　㉠ 태도의 기억가능성
　　㉡ 태도의 구체성
　　㉢ 태도의 중요성
　　㉣ 태도에 대한 직접적 경험
　　㉤ 사회적 압력의 존재

42 다음 중 레윈의 태도 변화과정을 순서대로 바르게 표현한 것은?

① 해빙 → 변화 → 재동결　　　② 재동결 → 변화 → 해빙

③ 변화 → 해빙 → 재동결　　　④ 변화 → 재동결 → 해빙

 레윈의 태도 변화과정
　　해빙 → 변화 → 재동결

43 다음 중 프로젝트 조직에 관한 내용으로 가장 옳지 않은 것은?

① 기업 조직 내의 특정 사업 목표를 달성하기 위해 임시적으로 인적 및 물적 자원 등을 결합하는 조직 형태이다.

② 프로젝트 조직은 해산을 전제로 해서 임시로 편성된 일시적인 조직이다.

③ 혁신적이면서 비일상적인 과제해결을 위해 형성되는 정태적인 조직이다

④ 개발 요원의 활용에 있어 비효율성이 증가할 수 있다.

 프로젝트 조직은 혁신적이면서 비일상적인 과제의 해결을 위해 형성되는 동태적 조직이다.

44 아래의 내용은 경영학적 관점에서의 동기부여에 따른 내용을 설명한 것이다. 다음 중 이를 뒷받침하는 내용으로 보기 가장 어려운 것은?

> 조직목표와 개인목표를 조화시키고, 경제적보상과 더불어 인간적 보상을 해 주고, 상관과 부하의 관계를 상호의존적 관계로 만드는 민주적 리더십과 권한위임을 형성하여야 한다.

① 자기행동을 스스로 규제한다.

② 변화에 대해 싫어하며 저항한다.

③ 인간이 만족감을 가지게 될 경우 자연적으로 일하려 한다.

④ 적절한 상황에서는 책임을 지려는 욕구까지 있다는 것이다.

 동기부여에 관한 내용 중 Y이론(참여적 관리)에 관한 설명이다. Y이론은 맥그리거(Douglas M. McGregor)가 인간본성을 구분한 것 두 가지 이론(X · Y이론) 중 하나다. 일이란 반드시 고통스러운 것만은 아니고 환경과 조건에 따라서는 즐거움과 만족의 원천이 될 수도 있으며 인간은 자기 스스로 통제하고 또한 책임질 줄도 안다는 가설이다. 따라서 인간은 노동을 통해 자기실현을 하고자 하고, 인간은 또한 타인에 의해 강제된 목표가 아니라 스스로 설정한 목표를 위해 노력한다는 것이다. ①③④는 Y이론, ②는 X이론을 각각 설명한 것이다.

Answer 40.④ 41.③ 42.① 43.③ 44.②

45 다음의 내용을 참고하여 괄호 안에 들어갈 적절한 말을 순서대로 유추하면?

	(㉠)	(㉡)
능률관	기계적 능률관	사회적 능률관
인간관	경제인관	사회인관
조직관	공식조직의 중시	비공식 조직의 중시
동기부여방식	경제적 동기의 중시	사회심리적 동기의 중시
조직 및 개인의 존재	조직 및 개인의 일원성	조직 및 개인의 이원성

① ㉠ 인간관계론, ㉡ 과학적 관리론
② ㉠ 과학적 관리론, ㉡ 인간관계론
③ ㉠ 인간관계론, ㉡ 관료제이론
④ ㉠ 과학적 관리론, ㉡ 일반관리론

 과학적 관리론은 인간을 기계처럼 취급했으며, 경제적 보상만이 구성원들에게 동기부여가 된다고 생각한 이론이며, 인간 관계론은 인간의 감성, 감정 등을 중요시 여기고 이로 인해 생산성이 증가한다고 주장한 이론이다.

46 다음 중 쇠사슬형 의사소통 네트워크가 갖는 특징에 관한 설명으로 옳지 않은 것은?

① 위원회나 태스크 포스 등이 쇠사슬형 의사소통 네트워크에 해당된다.
② 의사결정속도가 빠른 편이다.
③ 결정의 수용도가 낮은 편이다.
④ 권한의 집중도가 높은 편이다.

 위원회나 태스크 포스 등은 원형 의사소통 네트워크에 해당되며, 명령체계가 쇠사슬형 의사소통 네트워크에 해당된다.

47 성격의 특성에 대한 내용 중 Big 5에 해당하지 않는 것은?

① 친화성　　　　　　　　　② 내향성

③ 성실성　　　　　　　　　④ 개방성

 성격 특성의 Big 5
　㉠ 친화성
　㉡ 성실성
　㉢ 개방성
　㉣ 외향성
　㉤ 정서적 안정성

48 다음 가치에 대한 내용 중 성격이 다른 하나는?

① 종교적 가치　　　　　　　② 사회적 가치

③ 심미적 가치　　　　　　　④ 궁극적 가치

 ① · ② · ③번은 알포트의 이론에 속하는 가치이며, ④번은 로키치의 이론에 속하는 가치이다.

49 다음 중 경로 – 목표이론에서 리더십의 유형을 구분한 것에 해당하지 않는 것은?

① 참여적 리더십

② 지원적 리더십

③ 관계지향적 리더십

④ 성취지향적 리더십

 경로 – 목표이론에서의 리더십 유형은 지시적 리더십, 참여적 리더십, 지원적 리더십, 성취지향적 리더십이 해당된다.

Answer 45.② 46.① 47.② 48.④ 49.③

50 다음 중 작동적 조건화에 대한 설명으로 가장 바르지 않은 것은?

① 인간이 행동의 주체자이다.

② 인간의 행동을 상당부분을 설명할 수 있다.

③ 반응이 나타나면 자극을 준다.

④ 학습행동은 유도된 행동이다.

 ④번은 고전적 조건화에 대한 내용이다.

PLUS tip

행동주의 학습이론

고전적 조건화(파블로프)	작동적 조건화(스키너)
조건자극을 무조건자극과 관련시켜 새로운 조건반응 얻어내는 과정	특정한 행동에 긍정적인 결과(보상)가 제공되는 환경을 조성하여 그 행동의 반복, 빈도 증가
• 자극 → 반응 • 학습행동 = 유도된 행동 • 행동이 반사적으로 일어남 • 인간의 행동이 수동적 • 인간의 행동 중 일부분만 설명이 가능	• 반응 → 자극 • 학습행동 = (스스로) 일으킨 행동 • 행동이 자발적으로 일어남 • 인간이 행동의 주체자 • 인간의 행동을 상당부분 설명함

51 다음 중 비공식집단에 대한 설명으로 가장 옳지 않은 것을 고르면?

① 왜곡되거나 근거 없는 정보 유통의 가능성

② 구성원의 만족감과 소속감 부여로 업무능률 향상

③ 정보교류의 장벽으로서 의사소통의 부재와 통로의 감소

④ 공식집단의 목표와 대치되는 역기능의 초래

 비공식 집단

순기능	역기능
• 정보 교환의 장으로서 의사소통 체계와 통로를 확장 • 구성원의 만족감과 소속감 부여로 업무능률 향상 • 구성원의 업무 태도와 내부사정 등 조직병리 현상 파악 • 구성원의 좌절감, 불만에 대한 해소의 장	• 왜곡되거나 근거 없는 정보 유통의 가능성 • 개인이익 도모, 파벌형성으로 사기저하, 정실주의 조장 • 공식집단의 목표와 대치되는 역기능 초래

52 다음의 기사를 읽고 밑줄 친 부분을 가장 잘 표현한 것을 고르면?

> 경기복지재단은 성공하는 조직을 이끄는 '서번트 리더십 기본과정'을 사회복지시설(기관)과 사회서비스 제공기관 종사자 대상으로 오는 27일, 28일, 3월 7일, 총 3일 과정으로 개설한다고 13일 밝혔다. 서번트 리더십 교육은 그린리프 박사가 주창한 <u>서번트 리더십</u> 이론을 토대로 경기복지재단이 개발한 사회복지종사자 대상의 맞춤형 리더십 프로그램이다. 조직원들을 섬기고 봉사하는 마음을 바탕으로 그들이 역량을 발휘할 수 있도록 책임과 지원을 아끼지 않는 것이 핵심이다. 본 과정에서는 동양고전을 통해 본 리더의 길 특강을 비롯해 서번트 리더십의 철학, 경청과 피드백, 긍정적 사고, 팀 관계 형성 등을 내용으로 한다. 한편, 경기복지재단은 서번트 리더십을 사회복지기관의 조직문화로 정립 확산시키고자 2010년부터 교육을 운영하고 있으며, 작년에 이어 올해도 서번트 리더십 교육을 희망하는 기관은 직접 방문해 교육을 진행하는 '찾아가는 교육'을 계획 중이다.

① 비전의 달성을 위해 구성원 전체의 가치관 및 태도의 변화를 촉구하고 변혁의지를 통해 이상을 달성하는 리더십이다.

② 리더가 자신의 생각만으로 구성원들을 지배하기 보다는 구성원들의 입장에서 역지사지하고 그들을 진심으로 이해해서 구성원들의 잠재적 역량을 조직을 위해 최대한 발휘할 수 있도록 하는 역할을 하는 리더십이다.

③ 글로벌 차원에서 사업의 전략적 방향을 설정하고 구성원들을 조정·배치할 수 있는 통합역량을 키워주는 리더십이다.

④ 다른 구성원들이 공동의 목표를 이루어 나가는 데 있어 정신적, 육체적으로 지치지 않도록 환경을 조성해주고 도와주는 리더십이다.

 서번트리더십은 인간존중을 바탕으로, 구성원들이 잠재력을 발휘할 수 있도록 앞에서 이끌어주는 리더십이라 할 수 있다. 한편, 서번트리더십은 리더의 역할을 크게 방향제시자, 의견조율자, 일·삶을 지원해 주는 조력자 등 세 가지로 제시하고 있다. ①번은 변혁적 리더십, ②번은 감성적 리더십, ③번은 글로벌 리더십을 각각 설명한 것이다.

Answer → 50.④ 51.③ 52.④

53 다음 합리성 모형에서의 의사결정단계를 순서대로 바르게 나열한 것을 고르면?

① 문제정의→의사결정 기준수립→복수의 대안 도출→기준에 가중치 부여→각 대안에 대해 기준을 적용하여 등급부여→최적대안 선택

② 문제정의→의사결정 기준수립→기준에 가중치 부여→복수의 대안 도출→각 대안에 대해 기준을 적용하여 등급부여→최적대안 선택

③ 문제정의→기준에 가중치 부여→의사결정 기준수립→각 대안에 대해 기준을 적용하여 등급부여→복수의 대안 도출→최적대안 선택

④ 문제정의→기준에 가중치 부여→복수의 대안 도출→의사결정 기준수립→각 대안에 대해 기준을 적용하여 등급부여→최적대안 선택

 합리성 모형에서의 의사결정단계
문제정의→의사결정 기준수립→기준에 가중치 부여→복수의 대안 도출 →각 대안에 대해 기준을 적용하여 등급부여→최적대안 선택

54 아래 사례는 매슬로우의 욕구이론에 관한 내용이다. 이를 참조하여 보았을 시에 문맥 상 괄호 안에 들어갈 내용과 그 설명으로 바르게 짝지어진 것은?

> 김 본부장은 아울러 세월호 참사나 경주·포항 지진, 제천·밀양 화재 참사 등의 사례를 들며 현대의 재난은 지방사무로 처리 가능했던 과거 소규모·지엽적 재난과는 달리 복합·다변화·광역화해 국가적 대응이 필요하다고 밝혔다. 기후 변화에 따른 태풍, 홍수, 가뭄, 지진 등 자연재난이 증가할 뿐 아니라 초고층 건축물의 첨단·밀집화로 대형화 경향이 있다는 것이다. 김 본부장은 또 삶의 질 향상에 따라 국민의 (   )가 증대하고 소방에 고품질 현장 서비스를 기대하고 있지만, 안전 의식은 이에 따라가지 못한다고 지적했다. 김 본부장은 이런 상황에 대비하기 위한 방안으로 1관2국의 소방청 조직을 '소방장비관리국' 신설로 1관3국으로의 확대를 추진하고 있다고 전했다. 그는 유사시 소방관서장이 현장지휘권을 확보하는 '긴급 구조 통제단' 가동 방안과 각종 재난에 대한 국가의 책임성 강화를 위한 소방공무원 국가직화 방안을 소개하기도 했다.

① 생리적 욕구 - 의식주 생활에 관한 욕구이다.

② 안전의 욕구 - 사람들이 신체적 그리고 정서적으로 안전을 추구하는 것이다.

③ 애정 및 소속감의 욕구 - 어떤 단체에 소속되어 소속감을 느끼고 주위사람들에게 사랑받고 있음을 느끼고자 하는 것이다.

④ 존경의 욕구 - 타인에게 인정받고자 하는 것이다.

 안전의 욕구는 사람들이 신체적 그리고 정서적으로 안전을 추구하는 것을 의미하는데, "소방에 고품질 현장 서비스를 기대하고 있지만, 안전 의식은 이에 따라가지 못한다고 지적했다."에서 알 수 있듯이 외부적인 사건 및 충격으로부터 보호받고자 하는 사람들의 생각을 반영하고 있으므로 안전의 욕구로 추측이 가능하다.

55 다음 중 조직/집단의사결정에 관한 내용 중 집단극화의 원인에 해당하지 않는 것은?

① 정보교환 ② 집단사고

③ 사회적 비교 ④ 개인의 책임분산

 집단극화의 원인
ㄱ 정보교환
ㄴ 사회적 비교
ㄷ 개인의 책임분산
ㄹ 과신

56 다음 갈등의 원인 중 성격이 다른 하나는?

① 목표 차이 ② 역할 및 신분

③ 적용되는 보상제도 ④ 욕구좌절

 ①②③번은 갈등의 조직적 원인에 해당하며, ④번은 갈등의 개인적 원인에 해당한다.

57 다음 중 인력선발도구의 합리성을 판단할 때 고려하는 요소로 적절하지 않은 것은?

① 신뢰성 ② 비교타당성

③ 예측타당성 ④ 구성타당성

 ① 신뢰성: 선발도구가 동일한 환경에서 동일한 사람에게 여러 번 실시될 때 결과가 일관성이 있는가를 나타내는 정도
③ 예측타당성: 선발시험에 합격한 사람들의 시험성적과 입사 후 직무성과를 비교
④ 구성타당성: 선발도구가 선발대상을 잘 측정할 수 있게 구성되었는지 여부

Answer→ 53.② 54.② 55.② 56.④ 57.②

58 다음 중 임금형태 중 시간급에 관한 설명으로 옳지 않은 것은?

① 근로에 대한 동기부여로 생산성이 향상되는 장점이 있다.

② 작업 시간을 기준으로 임금을 지급한다.

③ 단순시간급제는 절약임금과 낭비임금이 모두 회사로 귀속된다.

④ 복률 시간급제는 작업능률에 따라 다단계의 시간당 임금률을 적용한다.

> (Tip) 근로에 대한 동기부여로 생산성이 향상되는 장점이 있는 것은 성과급이다.

59 다음 중 유통경로 구성원 간에 발생하는 갈등에 대한 설명으로 가장 올바르지 않은 것은?

① 유통경로 구성원 간 목표 불일지는 세조입체의 입장에서 유통점 내 좋은 위치에 진열하고 싶어 하지만, 유통점의 입장에서는 판매에 도움이 되는 다른 제품을 그 위치에 두고자 하는 경우가 이에 해당한다.

② 유통경로를 수직적으로 통합함으로써 유통경로 구성원 간 목표의 불일치를 해소하거나 사전에 방지할 수 있다.

③ 경로구성원 간 상권의 범위 결정과 그 상권 내에서의 역할에 대한 견해 차이가 발생하는 경우를 영역 불일치라 한다.

④ 어떤 현상에 대해 서로 다르게 인식하여 발생하는 갈등의 유형을 정보 불일치라 한다.

> (Tip) ④ 어떤 현상에 대해 서로 다르게 인식하여 발생하는 갈등의 유형을 지각의 불일치라고 한다.

60 다음의 사례는 팀제조직에 관한 내용이다. 아래의 내용을 읽고 팀제 조직에 관련한 사항으로 가장 거리가 먼 것을 고르면?

> 국세청이 국민에게 고통과 부담을 주는 부실과세 축소를 위해 '억울한 세금부과'와의 전쟁을 선포한 가운데, 부실과세를 한 세무공무원을 겨냥한 '암행 감찰 팀'이 크게 강화돼 주목된다.
>
> 세정혁신과제의 핵심인 부실과세 축소와 부조리 예방을 실효성 있게 지원하기 위해 국세청이 4일 감사관실을 사무관(5급) 중심의 팀제 조직으로 전면개편, 감사담당관실을 4개계에서 6개 팀으로 늘리고 감찰담당관실을 5개계에서 9개 팀으로 크게 확대한 것.
>
> 국세청 이명래 감사관은 4일 "부실과세 축소와 직원부조리 예방은 국세청 세정혁신과제의 핵심"이라며 "이를 위해 감사관실의 5급 사무관 9명을 15명으로 증원하고, 계(係) 중심의 조직을 팀제로 전환해 감사활동을 강화할 것"이라며 이같이 밝혔다.
>
> 팀제조직은 팀 간의 경쟁이나 팀원 사이의 경쟁을 통해 조직의 생산성을 높이기 위한 조직으로 생산성에 따른 성과급이 차등적으로 이뤄지며, 정부부처 안에서는 행정안전부가 현재 전체 정부부처의 실시에 앞서 시범적으로 실시하고 있는 조직
>
> 국세청 감사관실이 팀제조직으로 전환됨에 따라 감사담당관실의 6개 팀과 감찰담당관실의 9개 팀은 필연적으로 경쟁, 성과평가에서 높은 점수로 성과급을 더 받을 수 있는 부실과세 적발에 필사의 노력을 경주할 것으로 보여진다.
>
> 이와 관련 이 감사관은 "성과평가는 부실과세와 비리에 대한 적발 등 사후관리는 물론 사전예방, 부실과세가 이뤄질 수밖에 없는 원인발견과 제도개선을 종합적으로 판단해 이뤄질 것"이라고 강조했다.
>
> 부실과세·비리공무원 적발은 동료직원들 사이에 경각심을 불러일으켜, 사전예방 효과를 톡톡히 거둘 수 있게 된다는 것이 이 감사관의 설명.
>
> 한편, 이주성 국세청장도 지난달에 있었던 '전국세무관서장회의'에서 "부실과세는 인력과 예산의 낭비로 세무행정의 효율성을 저하시키는 폐해가 있기 때문에, 이를 축소하는 것이 국세행정 혁신 제1과제라고 천명한 바 있다.

① 이 같은 경우의 조직은 업무중심의 조직이므로 의사결정의 신속성과 기동성을 제고할 수 있다.

② 만약 팀장의 능력이 부족할 경우 팀장의 리더십이 절대적으로 중요한 팀제의 취지가 반감될 수 있다.

③ 구성원간의 이질성과 다양성의 결합이 되더라도 시너지 효과를 촉진하기 어렵다.

④ 구성원의 주인의식을 고양하여 품질·서비스·생산 등의 도약이 가능하다.

(Tip) 팀제조직은 구성원간의 이질성 및 다양성의 결합과 활용을 통한 시너지 효과를 촉진한다.

Answer↪ 58.① 59.④ 60.③

03 생산관리

1 다음 중 생산시스템에 대한 설명으로 가장 거리가 먼 것을 고르면?

① 각 개체들은 각기 투입(Input), 과정(Process), 산출(Output) 등의 기능을 수행한다.
② 각각의 개체는 각자의 고유 기능을 갖지만 타 개체와의 관련을 통해서 비로소 전체의 목적에 기여할 수 있다.
③ 생산시스템의 경계 외부에는 환경이 존재하지 않는다.
④ 생산시스템은 단순하게 개체들을 모아놓은 것이 아닌 의미가 있는 하나의 전체이며, 어떠한 목적을 달성하는 데 기여할 수 있다.

> 생산시스템의 경계 외부에는 환경이 존재한다.

2 다음 중 기존 데이터와 빅 데이터의 차이점을 비교·설명한 것으로 가장 바르지 않은 것은?

	Small Data	Big Data
① 크기	작다.	크다.
② 관리	단순하다.	복잡하다.
③ 형태	정형화되어 있다.	정형화 및 비정형화되어 있다.
④ 변화	시간에 대해서 지속적으로 쌓이면서 변화하는 데이터이다.	시간에 대해서 정적인 데이터이다.

> 기존 데이터는 시간에 대해서 정적인 데이터인 반면에 빅 데이터는 시간의 흐름에 따라 계속적으로 쌓이면서 변화하는 동적인 데이터이다.

3 다음 중 JIT 시스템의 효과로서 바르지 않은 것은?

① 분권화를 통한 관리의 증대
② 각 단계 간 수요변동의 증폭전달 방지
③ 수요의 변화에 대한 신속한 대응
④ 생산 리드타임의 증가

 JIT 시스템의 효과
㉠ 수요의 변화에 대한 신속한 대응
㉡ 작업 공간 사용의 개선
㉢ 불량 감소
㉣ 재공품 재고변동의 최소화
㉤ 생산 리드타임의 단축
㉥ 유연성
㉦ 분권화를 통한 관리의 증대
㉧ 고설계 적합성
㉨ 납기의 100% 달성
㉩ 각 단계 간 수요변동의 증폭전달 방지
㉪ 낮은 수준의 재고를 통한 작업의 효율성

4 다음 중 델파이법에 대한 설명으로 옳지 않은 것은?

① 가능성 있는 미래기술개발 방향과 시기 등에 대한 정보를 취득하기 위한 방식이다.
② 매회 설문에 대한 반응을 수집·요약하며, 그것을 다시 표본 개인들에게 송환해 주게 되는데, 이에 따라 개인들은 자신의 견해 및 평정 등을 수정해 간다.
③ 회답자들에 따른 가중치를 부여하기 용이하다는 이점이 있다.
④ 개인들은 서로 면대면으로 만나지 않기에 익명을 보장받을 수 있어 쉽게 반성적 사고를 하게 되며, 새로운 의견이나 사상에 대해 솔직해질 수 있다.

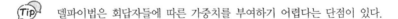 델파이법은 회답자들에 따른 가중치를 부여하기 어렵다는 단점이 있다.

5 생산관리에서 생산시스템의 설계는 중요한 장기적인 의사결정들을 포함하게 된다. 다음 중 이러한 의사결정에 포함되지 않는 것을 고르면?

① 제품설계   ② 공정설계
③ 설비배치   ④ 가격결정

 생산시스템의 설계 시 포함되는 장기적 의사결정사항
    ㉠ 제품설계
    ㉡ 공정설계
    ㉢ 설비배치
    ㉣ 시설입지
    ㉤ 생산능력계획
    ㉥ 경영정보시스템
    ㉦ 작업설계 및 측정

6 아래의 그림은 기능식 구조를 간략하게 도식화한 것이다. 다음 중 이러한 조직과 관련한 내용으로 잘못 서술한 것은?

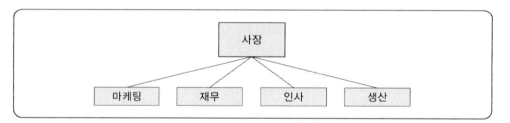

① 각각의 기능이 전문화 되므로 업무에 대한 숙련도가 높아져 효율적인 감독이 가능해진다.
② 직장의 직능 범위가 좁기 때문에 단 시간 내 직장 양성이 가능하다.
③ 작업자의 경우 전문적 지식 또는 기술을 지닌 직장의 지도로 인해 직무에 대한 경험의 축적이 가능하다.
④ 각각의 기능이 지나치게 전문화 되면 직접적인 관리 비용을 증가시키게 된다.

    Tip   기능식 구조에서는 각각의 기능이 지나치게 전문화 되면 간접적인 관리 비용을 증가시키게 된다.

7 다음 생산예측 방법 중 인과적 방법에 속하지 않는 것을 고르면?

① 경기지표법　　　　　　　　　② 이동평균법

③ 회귀모형　　　　　　　　　　④ 계량경제모형

 ②번은 시계열분석 방법에 속한다.

8 다음 중 생산 활동이 될 수 없는 것을 고르면?

① 재화를 기부하는 행위

② 서비스를 제공하는 행위

③ 재화를 오랫동안 저장하는 행위

④ 재화를 다른 형태로 가공하는 행위

 재화의 가공, 운반, 저장 등의 행위와 서비스의 제공 행위는 부가가치를 만들어내는 한 생산 활동으로 간주될 수 있다. 하지만 재화를 기부하는 행위는 부가가치를 만들어낼 수 있는 것이 아니므로 이는 생산 활동이 될 수 없다.

9 특정 작업계획에 의해 여러 부품들을 생산하기 위해 컴퓨터에 의해 제어 및 조절되며 자재 취급시스템에 의해 연결되는 작업장들의 조합은?

① 유연생산시스템(FMS)

② 컴퓨터통합생산시스템(CIMS)

③ 적시생산시스템(JIT)

④ 셀 제조시스템(CMS)

 유연생산시스템(FMS)은 다품종소량의 제품을 짧은 납기로 해서 수요변동에 대한 재고를 지니지 않고 대처하면서 생산효율의 향상 및 원가절감을 실현할 수 있는 생산시스템이다.

Answer → 5.④　6.④　7.②　8.①　9.①

10 다음 중 정량발주 시스템에 대한 설명 중 이에 대한 내용으로 가장 거리가 먼 것은?

① 재고가 일정 수준의 주문점에 다다르면 정해진 주문량을 주문하는 시스템이다.
② 매회 주문량을 일정하게 하고 다만 소비의 변동에 따라 발주시기를 변동한다.
③ 단가가 높은 제품에 주로 적용된다.
④ 조달 기간 동안의 실제 수요량이 달라지나 주문량은 언제나 동일하기 때문에 주문 사이의 기간이 매번 다르다.

(Tip) ③번은 정기발주 시스템에 대한 내용이다.

11 다음 중 재고유지비에 대한 내용으로 바르지 않은 것은?

① 재고를 보관하고 유지하는데 발생되는 비용
② 창고의 임대료, 유지경비, 보관료, 보관보험, 세금 등
③ 도난, 변질 등으로 발생된 손실비용
④ 판매기회 및 고객 상실의 기회비용으로 주문거절

(Tip) ④번은 재고 부족비에 대한 설명이다.

12 다음 중 재고의사결정에 관련되는 비용의 요소로 보기 어려운 것은?

① 발주비 ② 구매비
③ 판매관리비 ④ 품절비

(Tip) 재고의사결정에 관련되는 비용의 요소
㉠ 발주비
㉡ 구매비
㉢ 품절비
㉣ 재고유지비

13 다음 내용을 읽고 밑줄 친 부분에 대한 실시효과로 바르지 않은 것을 고르면?

> 동서식품이 '대장균 시리얼'과 관련해 공식 사과했다. 동서식품은 16일 홈페이지를 통해 "시리얼 제품 관련 언론 보도로 그간 저희 제품을 애용해주신 고객 여러분께 심려 끼쳐드린 점 깊이 사과드린다"고 밝혔다. 이어 "그래놀라 파파야 코코넛, 오레오 오즈, 그래놀라 크랜베리 아몬드, 아몬드 후레이크 등 4개 품목의 특정 유통기한 제품에 대해 잠정 유통·판매되지 않도록 즉시 조치를 취했다"고 말했다. 동서식품은 "진행 중인 관계 당국의 조사에 적극적으로 협조할 것이며 고객 여러분들께 저희 제품을 안심하고 드실 수 있도록 식품안전과 품질관리에 만전을 기할 것"이라며 "이번 일로 인하여 고객 여러분들께 우려를 끼쳐드린 점 다시 한 번 깊이 사과드린다"고 전했다. 동서식품의 공식 사과는 지난 13일 식품의약품안전처에서 대장균이 검출된 포스트 아몬드 후레이크의 유통 판매 금지 조치를 밝힌 지 3일 만이다. 식약처는 동서식품이 충북 진천공장에서 시리얼 제품 대장균군을 확인하고도 폐기하지 않고 다른 제품들과 섞어 완제품을 생산한 정황을 포착했다.

① 제품원가가 감소되어, 제품가격이 저렴하게 된다.
② 생산량의 증가와 합리적 생산계획을 수립한다.
③ 통계적인 수법의 활용과 더불어 검사비용이 늘어난다.
④ 불량품이 감소되어, 제품품질의 균일화를 가져온다.

 통계적인 수법의 활용과 더불어 검사비용이 줄어들게 된다.

PLUS tip
....

품질관리의 실시효과
• 사내 각 부문의 종사자들이 좋은 인간관계를 지니게 되고, 사외 이해관계자들에게는 높은 신용을 지니게 한다.
• 제품원가가 감소되어, 제품가격이 저렴하게 된다.
• 원자재 공급자 및 생산자와 소비자와의 거래가 공정하게 이루어진다.
• 불량품이 감소되어, 제품품질의 균일화를 가져온다.
• 통계적인 수법의 활용과 더불어 검사비용이 줄어든다.
• 생산량의 증가와 합리적 생산계획을 수립한다.
• 작업자들의 제품품질에 대한 책임감 및 관심 등이 높아진다.
• 기술부문과 제조현장 및 검사부문의 밀접한 협력관계가 이루어진다.

Answer 10.③ 11.④ 12.③ 13.③

14 다음 재고기록서의 구성에 대한 내용 중 주 품목자료부문에 해당하지 않는 것은?

① 계획입고   ② 품목종별

③ 품목특성   ④ 안전재고

 ①번은 재고기록서의 구성 중 재고 상황부문에 속하는 내용이다.

15 다음 중 종합적 품질경영(TQM ; Total Quality Management)의 원리로 바르지 않은 것은?

① 제품품질을 측정, 자료를 정리

② 공급자로부터 시작

③ 사전에 에러를 방지할 수 있도록 작업 및 작업환경을 설계

④ 표준화는 올바른 처리방식을 유지시키고, 동일한 문제의 재발을 방지

종합적 품질경영은 소비자로부터 시작한다.

16 다음 중 5대 생산의사결정에 해당하지 않는 것은?

① Price   ② Process

③ Capacity   ④ Inventory

5대 생산의사결정
ㄱ 생산공정(Process)
ㄴ 생산능력(Capacity)
ㄷ 재고(Inventory)
ㄹ 노동인력(Work Force)
ㅁ 품질(Quality)

17 다음 중 ERP(Enterprise Resource Planning)에 대한 도입의 필요성으로 바르지 않은 것은?

① 인적자원의 적재적소의 배치

② 비용의 증가

③ 기업정보의 통합화

④ 기업경영 혁신의 도구

 ERP에 대한 도입의 필요성
　　ⓐ 인적자원의 적재적소의 배치
　　ⓑ 기업정보의 통합화
　　ⓒ 기업경영 혁신의 도구
　　ⓓ 문서의 표준화 및 통합화
　　ⓔ 비용의 절감

18 통상적으로 유통경로가 존재하는 이유는 생산자와 소비자 사이의 여러 불일치가 존재하기 때문인데, 다음 중 아래 박스 안의 사례와 관련이 깊은 것은?

> 예 국내의 쌀은 통상적으로 가을에 생산되는데, 이러한 쌀의 소비는 1년 내내 지속적으로 발생한다.

① 역할의 불일치

② 장소의 불일치

③ 구색의 불일치

④ 시간의 불일치

 문제에서의 지문은 쌀의 생산시점 및 소비시점 즉, 시간의 불일치를 말하고 있는 것이다. 시간의 불일치는 생산시점과 소비시점의 불일치를 의미한다.

Answer ↪ 14.① 15.② 16.① 17.② 18.④

19 다음의 내용을 읽고 밑줄 친 부분에 대한 설명으로 가장 적절한 것은?

> 신세계 아이앤씨(대표 윤수원)가 국내 식자재 유통기업 CJ 프레시웨이의 <u>전사적 자원 관리(ERP)</u> 구축 프로젝트와 K2의 차세대시스템 구축 사업을 수주했다고 16일 밝혔다. 시스템 구축 기간은 약 15개월 정도이고 수주 규모는 총 60억 원 규모다. CJ 프레시웨이 ERP 구축 프로젝트는 급식·유통 사업 부문을 대상으로, 기존 신세계 푸드 차세대 시스템 구축 경험을 대외사업에 적용한 사례라고 설명했다. 특히 CJ그룹 표준으로 사용하고 있는 SAP 애플리케이션과 별도로 현장 업무는 자체 개발했기 때문에 두 영 역간 통합을 중점적으로 진행했다고 회사측은 전했다. 이와 함께 현재 진행하고 있는 신세계 인터내셔날, NEPA, 데상트 코리아, 블랙야크 ERP 구축 사업에 이어 K2 차세대 시스템 구축사업까지 수주하면서 패션 부문 SI사업에서 입지를 다질 수 있게 됐다고 회사 측은 덧붙였다. 전창우 신세계 아이앤씨 IT서비스 사업부 상무는 "패션 등 해당 분야 시스템 구축 사업에 대한 적극적인 시장 공략과 조기 선점으로 사업을 지속적으로 확대해 나갈 것"이라고 말했다

① 다양한 제품을 높은 생산성으로 유연하게 제조하는 것을 목적으로 생산을 자동화한 시스템을 말한다.

② 새로운 정보기술과 기업의 자원을 그 수요에 맞게 배치하여 조직을 재구축하고, 그 수요가 최종 소비자에게 정확히 공급되도록 하여 기업의 업무 효율성을 강화시켜주는 최적화 프로세스를 말한다.

③ 기업 활동을 위해 활용되는 기업 내의 모든 인적, 물적 자원을 효율적으로 관리해서 궁극적으로 기업의 경쟁력을 강화시켜 주는 역할을 하는 통합정보 시스템이다.

④ 다품종소량생산에서 부품설계, 작업준비 및 가공 등을 체계적으로 하고 유사한 가공물들을 집단으로 가공함으로써 생산효율을 높이는 기법을 말한다.

> (Tip) ①번은 유연생산시스템, ②번은 공급사슬관리, ④번은 셀 제조시스템 방식을 각각 설명한 것이다.

20 다음 중 경제적 주문량(EOQ)의 가정으로 옳지 않은 것을 고르면?

① 주문량은 일시에 입고된다.

② 조달기간은 없거나 일정하다.

③ 재고부족은 허용되지 않는다.

④ 단위 구입가는 물량에 비례하여 일정하지 않다.

> (Tip) 단위 구입가는 물량에 관계없이 일정하다.

21 JIT시스템은 모든 프로세스에 걸쳐 필요한 때, 필요한 것(부품, 원재료 등)을 필요한 만큼만 생산함으로써 생산시간을 단축하고 재고를 최소화하여 낭비를 없애고, 대내외적인 환경변화에 신속하고 유연하게 대응코자 하는 생산시스템을 의미하는데, 아래의 내용을 읽고 밑줄 친 JIT 시스템에 대한 설명으로 가장 부적절한 항목을 고르면?

> 도요타 자동차는 2014년 '포천500'의 글로벌 랭킹 9위에 올라있다. 전 업종을 통틀어 세계에서 아홉 번째로 규모가 큰 기업이다. 이른바 TPC라고 불리는 '도요타 생산방식'은 가장 이상적인 제조모델로 평가받고 있다. 지금도 포드 시스템과 함께 양대 생산방식으로 경영학 교과서에까지 올라있다. 그 중에서도 특히 한 치의 재고도 없이 필요한 때에 필요한 만큼만 부품을 들여온다는 <u>JIT시스템</u>은 도요타의 가격경쟁력을 올리는데 기폭제가 됐다. 도요타는 2008년 마침내 세계 1위의 자리에 올랐다. 당시 글로벌금융위기로 휘청거리던 GM을 따돌리고 자동차 황제로 등극한 것이다. GM은 도요타가 기술을 전수한 사실상의 스승이었다. 스승을 넘어선 것이다. 대규모 리콜사태로 잠시 흔들렸으나 아키오 회장취임 이후 다시 저력을 발휘하고 있다. 2014년에도 1023만1000대를 팔아 세계 1위를 차지했다. 도요타의 역사는 곧 일본의 성공드라마이다. 도요타의 신화는 또 후진국에서도 얼마든지 세계최고의 기업을 일으킬 수 있다는 가능성을 열어준 살아있는 교훈이기도 하다.

① JIT 시스템은 자동차뿐만 아니라 오토바이, 기계, 전자제품, 카메라 등 만드는 반복적인 생산 공정을 필요로 하는 산업에서 널리 도입, 적용되고 있다.

② JIT 시스템을 가능케 하는 핵심요소는 바로 '간판'인데, 일본 발음으로는 '칸반'이라고 하는데, 이 간판에는 그 부품에 대한 정보(품번, 품명, 업체명, 용기 당 부품수량, 입고일자)가 바코드 형식으로 담겨있다.

③ JIT 시스템에서 바라보는 7가지 낭비요소로는 불량의 낭비, 재고의 낭비, 과잉생산의 낭비, 운반의 낭비, 비합리적인 프로세스에 의한 낭비, 동작의 낭비, 대기의 낭비를 최소화하는 기본 목표를 추구한다.

④ JIT를 원활하게 운영하기 위해서는 부품공급이 필요한 시점에 신속히 이루어져야 하기 때문에 부품공급업체와 거리가 되도록이면 멀어야 한다.

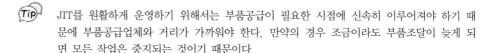 JIT를 원활하게 운영하기 위해서는 부품공급이 필요한 시점에 신속히 이루어져야 하기 때문에 부품공급업체와 거리가 가까워야 한다. 만약의 경우 조금이라도 부품조달이 늦게 되면 모든 작업은 중지되는 것이기 때문이다.

Answer → 19.③ 20.④ 21.④

22 다음 QR(Quick Response)의 구현원칙에 관한 설명으로 옳지 않은 것은?

① 생산 및 포장에서부터 소비자에게 이르기까지 효율적인 제품의 흐름을 추구한다.

② 제조업체와 유통업체간에 표준상품코드로 데이터베이스를 구축하고, 고객의 구매성향을 파악 공유하여 적절히 대응하는 전략이다.

③ 조달, 생산, 판매 등 모든 단계에 걸쳐 시장정보를 공유하여 비용을 줄이고, 시장변화에 신속하게 대처하기 위한 시스템이다.

④ 고객정보의 신속한 파악을 통하여, 필요할 때에 소량을 즉시 보충할 수 있도록 개발된 식품유통 분야의 대응시스템이다.

 QR(Quick Response)은 의류분야 대응시스템이다.

23 다음의 자료를 가지고 경제적 주문량이 얼마인지 구하면?

> • 유지비(H) = 단위당 연간 1,500원
> • 구입단가(C) = 15,000원
> • 연간수요(D) = 3,000단위
> • 주문비(S) = 주문당 10,000원

① 100개   ② 200개

③ 300개   ④ 400개

 경제적 주문량

$$\sqrt{\frac{2 \times 연간수요량 \times 주문당소요비용}{연간단위 재고유지비용}} = \sqrt{\frac{2 \times 3,000 \times 10,000}{1,500}} = \sqrt{40,000} = 200(개)$$

24 다음 생산의사결정 부문에 대한 내용 중 각 부문과 요소의 연결이 바르지 않은 것은?

① 관리 – 생산공정
② 시설 – 물류센터, 공장입지
③ 제품 – 제품믹스
④ 조직 – 조직구조

> (Tip) 관리 – 구매정책, 재고정책, 품질관리 등이 있다.

25 다음은 델파이 조사법에 관한 기사의 일부이다. 아래의 내용을 참조하여 밑줄 친 델파이 조사법에 대해서 잘못 이해하고 있는 사람을 고르면?

> 영남일보와 대구시 선거관리위원회는 한 달 앞으로 다가온 6·13 지방선거가 정책선거가 될 수 있도록 '대구 10대 정책 어젠다(Agenda)'를 발굴, 현안과 문제점을 지적하고 대안을 제시한다.
> 이번 대구 10대 정책 어젠다는 영남일보와 대구시선관위가 한국 매니페스토 실천 본부에 의뢰해 전문가를 대상으로 하는 3차례의 델파이 조사(전문가 집중 참여 의견수렴조사)를 통해 선정했다. 선정된 10대 의제는 △일자리 창출 및 서민경제 활성화 △청년층 고용 확대 △저출산 대책 마련 △고령화 사회 대비 △집값 등 주거문제 해결 △소득 불균형 완화 △일과 삶의 균형이 가능한 환경 조성 △대구취수원 문제 해결 △반부패 청렴과 시정 혁신 △공교육 강화 사교육비 절감이다. 노년층이 상대적으로 많은 중구와 남구에서는 집값 등 주거문제 해결을, 젊은 층이 많이 거주하는 북구와 수성구에서는 일자리 창출 및 서민경제 활성화를 우선 정책으로 꼽았다.

① 지혜 : 델파이 조사법은 해당 연구주제에 관련된 사람들을 조사 참가자들로 하여금 면밀하게 기획된 익명의 설문지 조사를 반복적으로 실시하는 방식이야
② 선아 : 델파이 조사법은 조사 참가자들이 직접 한 곳에 모여 논의를 하지 않고서도 집단성원의 합의를 유도해 낼 수 있는 일종의 집단협의 방법이라 할 수 있지
③ 진상 : 이 방식은 주로 상향식 의견 도출 방법으로 문제를 해결하는 기법이지
④ 지선 : 델파이 조사법은 질적인 조사를 하면서도 통계적인 방법을 채택하고 있어

> (Tip) 델파이 조사법은 전문가들의 의견수립, 중재, 타협의 방식으로 반복적인 피드백을 통한 하향식 의견 도출 방법으로 문제를 해결하는 기법을 의미한다.

26 다음 중 시계열의 구성요소로 바르지 않은 것은?

① 계절성   ② 규칙변동

③ 추세   ④ 순환요인

> **Tip** 시계열의 구성요소
> ㉠ 추세
> ㉡ 계절성
> ㉢ 순환요인
> ㉣ 불규칙변동

27 다음 중 품질의 기준으로 적합하지 않은 것은?

① 일관성   ② 일치성

③ 가격탄력성   ④ 미적 감각

> **Tip** 품질의 기준
> ㉠ 일관성
> ㉡ 일치성
> ㉢ 미적감각
> ㉣ 이미지
> ㉤ 사용적합성

28 다음 해외생산의 주요 동기 중 적극적 동기에 해당하지 않는 것은?

① 신시장의 개척   ② 원자재

③ 수입규제   ④ 시장선점

> **Tip** ③번은 해외생산의 주요 동기 중 소극적 동기에 해당하는 내용이다.
>
> **PLUS tip**
> ㉠ 해외생산의 주요 동기(소극적 동기)
> • 수입규제
> • 국내임금의 상승
> • 수송비
> ㉡ 해외생산의 주요 동기(적극적 동기)
> • 시장의 선점
> • 신시장의 개척
> • 원자재
> • 생산기술

29 다음 생산관리 상의 문제점 중 생산정보 시스템의 문제로 보기 어려운 것을 고르면?

① 생산의 자동화가 복잡화 되어 정보량이 증가하고 있다.

② 제품생산에 대한 기술력이 부족하다.

③ 기술정보가 미비하다.

④ 소로트 생산에 의한 생산계획의 변경이 빈번하게 일어난다.

 생산관리 상의 문제점 중 생산정보 시스템의 문제
ⓐ 생산협력업체의 기술력이 부족하다.
ⓑ 제품생산에 대한 기술력이 부족하다.
ⓒ 기술정보가 미비하다.
ⓓ 생산의 자동화가 복잡화 되어 정보량이 증가하고 있다.
ⓔ 생산정보에 대한 분석미흡과 자료의 활용율이 저조하다.

30 다음 중 수요예측에 활용하는 시계열 분석에 대한 내용으로 가장 바르지 않은 것을 고르면?

① 시계열은 어떤 경제 현상이나 또는 자연 현상 등에 대한 시간적인 변화를 나타내는 자료이므로 어느 한 시점에서 관측된 시계열 자료는 그 이전까지의 자료들에 의존하게 되는 특성이 있다.

② 시계열 자료는 주가 지수와는 다르게 매 단위 시간에 따라 측정되어 생성되어지지 않으며 횡단면 자료에 비해 상대적으로 많은 수의 변수로 구성되어진다.

③ 시간이 경과함에 따라 기술 진보에 의해 경제 현상들은 성장하게 되고, 농수산 부문과의 연관된 경제 현상 등은 자연의 영향 특히 계절적 변동으로부터 많은 영향을 받게 된다.

④ 통계적인 숫자를 시간 흐름에 의해 일정한 간격으로 기록한 통계계열을 시계열 데이터라고 하며, 이러한 계열의 시간적인 변화에는 갖가지 원인에 기인한 변동이 포함되어 있다.

 시계열 자료는 주가 지수의 경우처럼 매 단위 시간에 따라 측정되어 생성되는데 횡단면 자료에 비하여 상대적으로 적은 수의 변수로 구성된다.

31 다음 중 공정능력 불균형의 해소방안으로 가장 거리가 먼 것은?

① 작업의 분할 및 합병　　　　　　② 중간 재공의 활용

③ 사람, 설비의 능력향상　　　　　④ 작업의 직렬화

 ④번은 작업의 병렬화이다.

32 다음 정성적 예측기법에 관련한 설명들 중 가장 옳지 않은 것은?

① 수명주기 유추법 – 유사하지 않은 제품의 수명주기상의 수요 자료를 가지고 신제품수요를 유추 및 예측하는 방법이다.

② 판매원의견합성법 – 각 지역 담당판매원들의 각 지역에 대한 수요 예측치를 모아 전체 수요를 예측하는 방법이다.

③ 패널 동의법 – 패널의 의견을 모아 예측치로 활용하는 방법이다.

④ 시장조사법 – 시장의 상황에 대한 자료를 수집하고 이를 활용하여 예측하는 방법이다.

 수명주기 유추법은 유사 기존제품의 수명주기상의 수요 자료를 가지고 신제품수요를 유추 및 예측하는 방법이다.

33 다음 중 유통정보시스템을 통한 후방통합화(backward integration)의 사례라고 할 수 있는 것은?

① Wal-Mart는 많은 공급업체들과 전자적으로 판매정보를 바로 공급업체들과 공유함으로써 재고관리에 도움을 받고 있다.

② 의료품 제조업체인 백스터는 병원들과 연계하여 통신 네트워크로 주문을 받고 있다.

③ 리바이스는 리바이크라는 프로그램을 이용하여 유통업체의 경쟁력을 높여주고 있다.

④ GE사는 고객회사의 제조공정을 컴퓨터에 입력하고 각 공정에 맞는 플라스틱을 제때에 공급한다.

 Wal-Mart와 같은 최종소비자를 대상으로 하는 소매기업이 공급업체들과 전자적으로 판매정보를 공유하는 것은 후방통합이다.

34 다음 중 재고의 기능으로 바르지 않은 것은?

① 취급수량의 경제성

② 부문 간 완충

③ 투자 및 투기의 목적으로 보유

④ 공급자에 대한 서비스

 재고의 기능
㉠ 생산의 안정화
㉡ 취급수량의 경제성
㉢ 재고보유를 통한 판매촉진
㉣ 부문 간 완충
㉤ 고객에 대한 서비스
㉥ 투자 및 투기의 목적으로 보유

35 다음 생산관리 상의 문제점 중 자재수급의 문제에 해당하는 내용으로 보기 어려운 것은?

① 로트 사이즈의 부정확으로 인한 과잉재고가 발생한다.

② 긴급수요를 위하여 과다하게 안전재고를 보유하는 경우가 많다.

③ 생산계획변경에 따른 자재수요변동으로 재고의 과소현상이 발생한다.

④ 생산계획의 변경으로 인한 긴급한 자재의 수급이 이루어지지 않아 재고의 부족현상이 일어난다.

 생산계획변경에 따른 자재수요변동으로 재고의 과다현상이 발생한다.

PLUS tip ....

생산관리 상의 문제점 중 자재수급의 문제
• 재고는 낭비라는 인식이 부족하다.
• 긴급수요를 위하여 과다하게 안전재고를 보유하는 경우가 많다.
• 생산계획변경에 따른 자재수요변동으로 재고의 과다현상이 발생한다.
• 로트 사이즈의 부정확으로 인한 과잉재고가 발생한다.
• 원부자재의 적기공급이 곤란하거나 부정확한 수요판단으로 재고의 과잉 내지 부족현상이 발생한다.
• 생산계획의 변경으로 인한 긴급한 자재의 수급이 이루어지지 않아 재고의 부족현상이 일어난다.

Answer → 31.④ 32.① 33.① 34.④ 35.③

36 다음 생산관리 상의 문제점 중 작업자의 의식문제에 대한 내용으로 가장 옳지 않은 것은?

① 작업자가 자기의 일에 대한 책임회피의 경향이 있다.

② 작업자들이 힘든 작업을 기피한다.

③ 다능공이 부족하다.

④ 작업자가 긍정적인 사고를 갖는 경우가 많다.

> (Tip) 작업자가 부정적인 사고를 갖는 경우가 많다.

37 다음 중 아래의 모형에 관련한 내용으로 가장 거리가 먼 것은?

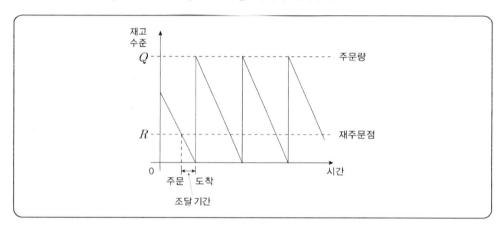

① 주문비용과 재고유지비가 최소가 되게 하는 1회 주문량이다.

② 품절이나 과잉재고가 허용된다.

③ 제품에 대한 수요가 일정하고 균일하다

④ 조달기간이 일정하며, 조달이 일시에 이루어진다.

> (Tip) 위 그림은 경제적 주문량을 그림으로 표현한 것이다. 경제적 주문량에서는 품절이나 과잉재고가 허용되지 않는다.

38 소요량에 의해 최초의 주문을 계획하는데, 자재소요의 양적·시간적인 변화에 맞춰 기주문을 재계획함으로서 정확한 자재에 대한 수요를 계산해 나가는 방법을 MRP(Material – Requirement Planning)라고 하는데 아래의 그림은 MRP 시스템의 구조도를 나타내고 있다. 이를 참조하여 MRP에 관한 특징으로 올바르지 않은 것을 고르면?

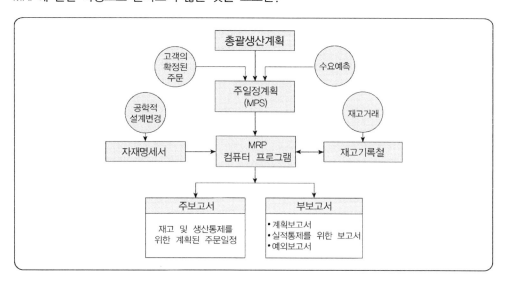

① 공급자에 대한 서비스의 개선
② 의사결정의 자동화에 기여
③ 적시 최소비용으로 공급
④ 설비가동능률의 증진

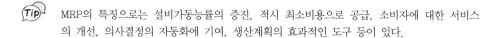 MRP의 특징으로는 설비가동능률의 증진, 적시 최소비용으로 공급, 소비자에 대한 서비스의 개선, 의사결정의 자동화에 기여, 생산계획의 효과적인 도구 등이 있다.

39 다음 중 트러스트(Trust)에 관한 설명으로 옳지 않은 것은?

① 카르텔 보다 강력한 기업집중의 형태이다.
② 기업 상호 간에 자본적 지배를 하지 않는다.
③ 독점적 지배를 목적으로 한다.
④ 조직 해체 시까지 강력한 내부간섭이 존속한다.

 트러스트는 카르텔과 다르게 강력한 내부간섭이 존재하며 이러한 내부간섭은 조직 해체 시까지 존속하는 특징이 있다.

40 다음 중 독립수요 품목의 경제적 주문량을 계산하기 위한 조건으로 바르지 않은 것은?

① 주문에서 납품까지 소요되는 시간은 상이
② 수요는 일정
③ 품절 가능성의 배제
④ 로트 단위로 품목 주문 및 납품

 주문에서 납품까지 소요되는 시간(리드타임)은 일정하다.

41 다음 중 집단의사결정의 장점으로 옳은 것은?

① 일의 전문화가 가능하다.
② 시간과 비용을 절약할 수 있다.
③ 집단사고 발생의 가능성이 낮다.
④ 신속한 행동을 하는 것이 유리하다.

 집단의사결정의 장점
ⓐ 많은 지식과 정보를 수집할 수 있다.
ⓑ 구성원 간 상호작용에 의한 시너지효과를 발휘할 수 있다.
ⓒ 일의 전문화가 가능하다.
ⓓ 커뮤니케이션 및 교육 기능을 수행할 수 있다.
ⓔ 참여한 구성원의 만족과 지지로 응집력이 향상된다.

42 다음의 기사를 읽고 밑줄 친 부분에 대한 내용을 가장 잘 표현한 것을 고르면?

> 텍투라 코리아가 "효율적인 재고관리를 위한 ERP : 계획과 통제 그리고 평가"라는 주제로 오는 2014년 6월 26일 온라인 세미나를 개최한다. 이번 온라인 세미나에선 기업들이 처한 재고관리 방법의 문제점을 분석하고 ERP를 통한 기업의 재고관리 혁신 방안과 재고 관리 혁신을 통한 시장 경쟁력 활용 방안에 대해 설명할 예정이다. 또한 효율적으로 재고를 관리하는 데 유용한 Microsoft Dynamics NAV의 특화 기능들과 Microsoft Dynamics NAV를 도입한 기업들의 혁신적인 재고 관리 사례도 소개할 예정이다. 특히 재고 조달 계획에서 통제, 평가까지 아우르는 전체 재고관리 프로세스를 설명할 예정이므로, 재고관리에 어려움을 겪고 있거나 보다 효율적인 재고관리에 대해 고민하고 있는 기업들에게 큰 도움이 될 것으로 보인다. Microsoft Dynamics NAV는 중소, 중견기업을 위한 ERP(전사적 자원 관리)솔루션으로서, 부서별 업무 프로세스 지원은 물론 기업 내 단위 업무의 통합을 통한 비즈니스 가시성 확보와 의사결정 제어에 특히 강력하고 효율적인 것이 특징이다. 텍투라 코리아의 박현철 지사장은 "기업은 Microsoft Dynamics NAV를 적용함으로써 생산주문 관리, 적정재고 관리, 공급 및 생산 계획의 효율적 관리와 재고 관리 비용의 절감효과를 누릴 수 있다"며 "이번 온라인 세미나에서 기업들이 효과적인 재고관리를 위한 해법을 찾길 기대한다"고 밝혔다. 세미나 구체적인 강연 내용은 ▲ Dynamics NAV를 활용한 효율적인 재고관리 방법 ▲ Dynamics NAV Overview ▲ 조립 및 세트 상품 관리 프로세스 ▲ 제조 관리 프로세스 ▲ <u>안전재고</u> 관리 프로세스 ▲ 분석 보고서(JET Report) 등이다. 한편 이번 온라인 세미나에 등록한 후 설문에 참여하면 소정의 사은품을 제공할 예정이다.
>
> Webinar(웨비나/온라인 세미나)는 웹(Web)과 세미나(seminar)의 합성어로 웹 사이트에서 행해지는 온라인상의 실시간 양방향 멀티미디어를 통한 세미나이다. 스트리밍 비디오를 통한 보고자의 영상, 실시간처럼 질의 답변을 보여줄 대화 세션 등이 포함된다. 오프라인 상에서 열리는 회의 대신에 음성이나 문서, 인터넷을 활용한 회의가 점차 활성화되고 있음을 감안할 때 웨비나는 새로운 정보교환장소로 떠오르고 있다. 조직 내 커뮤니케이션 및 각종 발표 등에 활용되며 비용뿐만 아니라 시간과 공간을 절약할 수 있는 장점이 있다.

① 매월 비슷한 양을 생산하지만 작업여건이 매일 연속적으로 생산할 수 없을 경우에 사용되는 방식을 말한다.

② 재고관리 비용이 가장 경제적으로 투입되는 재고수준을 유지하기 위한 목적으로 이용된다.

③ 재고품의 종류나 수량을 알맞게 유지하도록 조절하는 일 또는 상품을 매입처로부터 인수한 후 판매행위에 의해 고객에게 인도될 때까지의 관리활동을 말한다.

④ 통상적으로 수요와 공급의 변동에 따른 불균형을 방지하기 위해 유지하는 계획된 재고수량을 말한다.

(Tip) 안전재고는 주 생산 계획 환경에서는 안전 재고가 예측 잘못이나 잦은 계획 변경에서 비롯된 문제점을 방지하기 위해 추가로 재고 및 생산 능력을 계획할 수 있다.

Answer 39.② 40.① 41.① 42.④

43 다음 중 경영프로세스를 변화시키는 기법에 해당하지 않는 것은?

① 리스트럭처링　　　　　　　　② 영기준예산
③ 전사적 품질경영　　　　　　　④ 다운사이징

 경영프로세스를 변화시키는 대표적인 기법으로 영기준예산, 리엔지니어링, 다운사이징, 시간중심경쟁, 전사적 품질경영 등이 있다.

44 다음 중 재고발생의 문제점으로 보기 어려운 것은?

① 금리, 창고경비(보관료, 인건비, 보험료) 및 취급비용의 증대
② 신세품에의 전환이나 설계 변경이 용이
③ 창고공간의 증대, 때로는 생산현장도 대형적 치장으로 됨
④ 자금의 고정화로 운전자금이 증대

 재고발생의 문제점
　ⓐ 금리, 창고경비(보관료, 인건비, 보험료) 및 취급비용의 증대
　ⓑ 창고공간의 증대, 때로는 생산현장도 대형적 치장으로 됨
　ⓒ 자금의 고정화로 운전자금이 증대
　ⓓ 사장품화, 진부화 및 가격인하 손실 등의 위험 등이 증대
　ⓔ 신제품으로의 전환이나 설계 변경이 곤란

45 다음 중 재고삭감에 대한 효과로 가장 거리가 먼 것은?

① 원활한 자금의 운용
② 원가는 낮아짐
③ 관리개선활동이 느리고 약하게 추진됨
④ 수익성은 높아짐

 관리개선활동이 신속하고 강력하게 추진된다.

46 다음 재고의 종류 및 형태에 대한 내용 중 유통에 따른 분류로 보기 어려운 것은?

① 영업   ② 조달
③ 판매   ④ 하역

 ④번은 재고의 종류 및 형태에 따른 분류 중 기능에 따른 분류에 해당하는 내용이다.

47 다음 재고에 관한 내용 중 경제적 로스에 해당하지 않는 것을 고르면?

① 사람의 로스
② 장소의 로스
③ 개선기회의 손실
④ 물건의 로스

 ③번은 장래 경제적 로스에 해당한다.

48 다음 중 투-빈 시스템에 대한 내용으로 가장 거리가 먼 것은?

① 부품이 두 개의 상자에 담겨 있는데 처음 상자부터 부품이 바닥이 날 때까지 사용한다.
② 계속 실사법의 변형으로 단순하기 때문에 널리 이용되는 재고관리 시스템이다.
③ 경우에 따라 투 빈 시스템은 3개의 빈을 이용하는 형태로 변형되어 운용되기도 한다.
④ 통상적으로 이 방식은 고가품인 A급 품목에 적용되어진다.

 이 방식은 통상적으로 저가품인 C급 품목에 적용되어진다.

49 다음 중 단일지점 재고정책의 문제점으로 바르지 않은 것은?

① 재고보충 전략이 다른 지점이나 단계에 미치는 영향에 대한 고려 없이 이루어지기 때문에 네트워크 전체의 재고 최적화를 달성할 수 없다.

② 공급사슬 전체 재고에 대한 파악 및 대처를 어렵게 만들게 된다.

③ 네트워크 전체로는 적합한 수준의 재고를 유지하고 있더라도 최종 고객에 대한 서비스 실패가 발생할 수 있다.

④ 채찍효과(Bullwhip Effect)를 발생시키지 않는다.

> (Tip) 채찍효과(Bullwhip Effect)를 발생시킬 수 있다.

50 다음 아래의 그림에 대한 설명으로 가장 바르지 않은 것은?

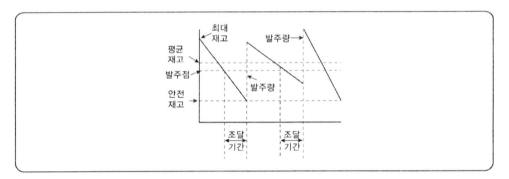

① 재고가 일정 수준의 주문점에 다다르면 정해진 주문량을 주문하는 시스템이다.

② 기본적으로는 매회 주문량을 일정하게 한다.

③ 다만 소비의 변동에 따라 발주시기를 변동한다.

④ 주문량은 언제나 동일하지 않으므로 주문 사이의 기간이 매번 다르고, 최대 재고 수준도 조달 기간의 수요량에 따라 달라지지 않는다.

> (Tip) 그림은 정량발주방식에 대한 것이다. 이 방식에서 주문량은 언제나 동일하므로 주문 사이의 기간이 매번 다르고, 최대 재고 수준도 조달 기간의 수요량에 따라 달라진다.

51 다음 중 아래의 그림과 같은 재고사이클에 대한 내용으로 관련이 없는 것은?

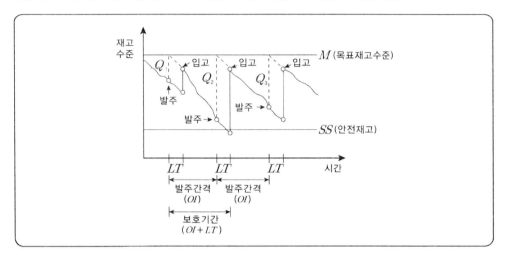

① 정기적인 발주시점만 재고수준 파악이 가능하다.

② 여러 공급자로부터 여러 종류의 품목을 구입하는 경우에 적용된다.

③ 다량 품목을 취급하는 소매, 지속적인 재고 파악이 어려운 경우에 활용된다.

④ 많은 안전재고가 필요하다.

> (Tip) 위 그림은 정기발주 시스템의 재고사이클을 도식화한 것이다. 이 방식에서는 한 공급자로
> 부터 여러 종류의 품목을 구입하는 경우에 적용된다.

Answer → 49.④ 50.④ 51.②

52 다음 품질의 특성에 대한 내용 중 소비자, 생산자의 만족요소에 해당하지 않는 것은?

① 신뢰성이 있을 것

② 보전성이 좋을 것

③ 사용의 문화성이 좋을 것

④ 안전하고 무해할 것

 품질의 특성(소비자, 생산자의 만족요소)
ㄱ 신뢰성이 있을 것
ㄴ 보전성이 좋을 것
ㄷ 안전하고 무해할 것
ㄹ 폐품처리가 용이할 것
ㅁ 사용 목적에 적합할 것
ㅂ 사용의 경제성이 있을 것
ㅅ 사용하기 편리할 것
ㅇ 외양이 좋을 것
ㅈ 제조하기 쉬울 것
ㅊ 타 사의 제품보다 성능이 좋을 것

53 다음 품질보증 관련 비용에 대한 내용 중 내부고장비용에 속하지 않는 것은?

① 자재 조달

② 자재 재검토 활동

③ 수리 및 문제 해결

④ 실험실 운영비용

 ④번은 평가비용에 속하는 항목이다.

54 다음 중 시장의 후발 진입자에게 제품수명주기 전략이 갖는 시사점으로 볼 수 없는 것은?

① 시장개척자가 가지는 선도자로서의 장점은 없다.

② 지속적인 기술개선을 통해 기술적 우위를 확보할 수 있다.

③ 초기시장개발에 수반되는 위험과 불확실성을 회피할 수 있다.

④ 고객이 중요시하는 제품 속성에서 우수한 제품을 개발하여 기존 세분시장을 공략하는 전략은 시장 개척자를 모방하는 전략으로 볼 수 있다.

> (Tip) 지속적인 기술개선을 통해 기술적 우위를 확보할 수 있는 것은 시장 개척자에게 적용되는 시사점으로 볼 수 있다.

55 M. Porter는 세분시장의 구조적 매력성을 결정하는 모형으로 5-Forces 모형을 제시하였다. 다음 중 이에 관한 설명으로 가장 옳지 않은 것을 고르면?

① 기업이 느끼는 위협의 원천으로 산업 내 경쟁자, 공급기업, 구매자, 잠재적 진출기업 및 대체품 등을 제시하고 있다.

② 세분시장이 안정적이고, 경쟁자의 능력이 커지고 있거나 고정비와 퇴출장벽이 높으며, 경쟁기업이 해당 세분시장에 몰입도가 높다면, 그 세분시장은 매력도가 낮다.

③ 세분시장에 신규기업의 진입과 기존 기업의 퇴출이 용이하다면, 해당 세분시장의 매력도는 낮다고 평가할 수 있다.

④ 월마트와 같은 거대한 소매상이 급격히 성장하는 경우에, 월마트에 상품의 포장재를 공급하는 기업들의 위협은 작아지게 된다.

> (Tip) 경영전략 전문가인 마이클 포터는 산업과 경쟁을 결정짓는 5세력 모델(five-force model)을 제시하였다. 새로운 기업이 시장에 진입할 때의 강도는 진입장벽의 높이와 진입 시에 기존의 경쟁사들이 보이는 반응에 따라 달라지게 된다. 새로운 기업이 진입하려고 할 때 많은 자금, 인력 그리고 기술 등을 필요로 하거나 기존 경쟁사들의 심한 보복이 예상될 경우에는 진입장벽이 높아지므로 새로운 기업의 진입위협은 상대적으로 감소하게 된다.

Answer → 52.③ 53.④ 54.② 55.④

04 마케팅관리

1 다음 중 마케팅에 관련한 설명으로 보기 어려운 것을 고르면?

① 마케팅은 기업의 활동들이 소비자들의 니즈에 부응하도록 통합한다.
② 마케팅은 개인 및 조직체의 목표를 만족시키는 교환을 성립하게 하는 일련의 인간 활동이다.
③ 마케팅은 영리조직 뿐만 아니라 비영리조직까지도 적용된다.
④ 마케팅은 소비자들의 니즈에 부응함에 있어 나타나는 경제적 결과에 관심을 지닌다.

> **Tip** 마케팅은 소비자들의 니즈에 부응함에 있어 나타나는 사회적 결과에 관심을 지닌다.

2 다음은 제품계획에 따른 분류에 대한 것이다. 아래의 내용을 읽고 문맥 상 괄호 안에 들어갈 말을 순서대로 바르게 나열하면?

	(㉠)	(㉡)	(㉢)
구매 전의 계획정도	거의 없는 편	약간 있는 편	상당히 있는 편
제품의 가격정도	저가격	중, 고가격	고가격
제품 브랜드 충성도	거의 없는 편	약간 있는 편	특정상표를 선호
소비자 쇼핑 노력정도	최소한	보통	최대한
제품의 회전율 정도	빠른 편	느린 편	아주 느린 편

① ㉠ Convenience Goods, ㉡ Specialty Goods, ㉢ Shopping Goods
② ㉠ Shopping Goods, ㉡ Convenience Goods, ㉢ Specialty Goods
③ ㉠ Convenience Goods, ㉡ Shopping Goods, ㉢ Specialty Goods
④ ㉠ Shopping Goods, ㉡ Specialty Goods, ㉢ Convenience Goods

> **Tip** 제품계획에 따른 제품의 분류
>
> | | Convenience Goods | Shopping Goods | Specialty Goods |
> |---|---|---|---|
> | 구매 전의 계획정도 | 거의 없는 편 | 약간 있는 편 | 상당히 있는 편 |
> | 제품의 가격정도 | 저가격 | 중, 고가격 | 고가격 |
> | 제품 브랜드 충성도 | 거의 없는 편 | 약간 있는 편 | 특정상표를 선호 |
> | 소비자 쇼핑 노력정도 | 최소한 | 보통 | 최대한 |
> | 제품의 회전율 정도 | 빠른 편 | 느린 편 | 아주 느린 편 |

3 다음 중 CRM의 필요성으로 바르지 않은 것은?

① 고객관계 강화를 위해 격상판매를 통해 거래액과 횟수를 증가시킨다.

② 고객관계 강화를 위해 교차판매를 통해 거래제품의 수를 늘리도록 한다.

③ 고객생애주기는 크게 고객획득단계, 고객유지단계, 충성고객단계로 구분된다.

④ 전사적으로 공급자 지향적이어야 한다.

 CRM은 고객의 니즈를 찾아 이를 만족시켜 줄 수 있도록 하며, 이로 인해 고객들과의 장기적인 관계를 유지하는 데 그 목적이 있다. 그러므로 CRM은 공급자가 아닌 소비자 지향적이어야 한다.

4 평소 이를 잘 닦지 않는 원모와 대현이는 치과를 찾았다가 병원으로부터 이를 열심히 닦으라는 의사의 처방을 듣고 집 근처 마트에서 치약선택에 대해 고민하고 있다. 아래의 표는 원모와 대현이가 선택할 수 있는 치약과 선택기준을 나타낸 것이다. 다음 중 사전편집식 방식으로 치약을 선택할 시에 원모와 대현이가 고르게 되는 치약은? (단, 원모와 대현이는 충치예방을 최우선적으로 중요시하고, 미백효과를 두 번째로 중요하게 여기고 있음)

평가기준	상표			
	페리오	메디안	송염	2080
충치예방	4	4	3	3
미백효과	3	2	3	1
향	1	2	3	5

① 송염 치약

② 2080 치약

③ 페리오 치약

④ 메디안 치약

 사전편집식은 비보완적 방식 중 하나로써 가장 중요시하는 평가기준에서 최고로 평가되는 상표를 선택하는 방식을 의미한다. 이 때 조건에서 원모와 대현이는 충치예방을 최우선적으로 중요시하고, 미백효과를 두 번째로 중요시하게 여기고 있다고 했으므로 이 개념대로 적용시켜 보면 충치예방에서 가장 큰 값인 페리오 및 메디안 치약이 선택되며 두 번째로 중요시하게 여기고 있는 미백효과에서 가장 큰 값은 페리오 치약이므로 사전편집식에 의해 원모와 대현이가 선택하게 되는 치약은 페리오 치약이 된다.

Answer ▸ 1.④ 2.③ 3.④ 4.③

5 다음 중 설문조사과정으로 바른 것은?

① 필요한 정보의 결정→개별항목의 내용결정→자료수집방법의 결정→질문형태의 결정→개별문항의 완성→질문의 수와 순서결정→설문지의 외형결정→설문지의 사전 조사→설문지 완성

② 필요한 정보의 결정→질문형태의 결정→개별문항의 완성→질문의 수와 순서결정→자료수집방법의 결정→개별항목의 내용결정→설문지의 외형결정→설문지의 사전조사→설문지 완성

③ 필요한 정보의 결정→설문지의 외형결정→자료수집방법의 결정→개별항목의 내용결정→질문형태의 결정→개별문항의 완성→질문의 수와 순서결정→설문지의 사전 조사→설문지 완성

④ 필요한 정보의 결정→자료수집방법의 결정→개별항목의 내용결정→질문형태의 결정→개별문항의 완성→질문의 수와 순서결정→설문지의 외형결정→설문지의 사전 조사→설문지 완성

 설문조사과정

필요한 정보의 결정→자료수집방법의 결정→개별항목의 내용결정→질문형태의 결정→개별문항의 완성→질문의 수와 순서결정→실문지의 외형결정→설문지의 사전 조사→설문지 완성

6 다음은 서비스 유통경로의 기능과 그 내용을 나타낸 것이다. 이 중 가장 옳지 않은 항목은?

① 정보기능 – 마케팅 환경 조사 및 전략 등에 필요한 정보 등을 수집하고 제공
② 접촉기능 – 잠재적인 구매자를 발견하고 커뮤니케이션을 하는 기능
③ 물적유통기능 – 서비스 재고판매 및 이익 등을 위한 재무적인 위험 부담의 기능
④ 재무기능 – 유통경로 상의 업무비용의 충당을 위한 자금의 획득 및 이를 사용하는 기능

 물적 유통기능은 서비스의 배송 및 보관 등을 하는 기능을 의미하며, 서비스 재고판매 및 이익 등을 위한 재무적인 위험 부담의 기능은 위험부담기능을 말한다.

7 다음 내용을 읽고 괄호 안에 들어갈 말을 순서대로 바르게 나열한 것은?

> 제품믹스의 (㉠)은/는 기업 조직이 가지고 있는 제품계열의 수를 의미하고, 제품믹스의 (㉡)은/는 각 제품계열 안에 있는 품목의 수를 나타내며, 제품믹스의 (㉢)은/는 제품믹스 내 모든 제품품목의 수를 의미한다.

① ㉠ 깊이(Depth), ㉡ 폭(Width), ㉢ 길이(Length)

② ㉠ 길이(Length), ㉡ 깊이(Depth), ㉢ 폭(Width)

③ ㉠ 깊이(Depth), ㉡ 길이(Length), ㉢ 폭(Width)

④ ㉠ 폭(Width), ㉡ 깊이(Depth), ㉢ 길이(Length)

Tip 제품믹스의 폭 (Width)은 기업 조직이 가지고 있는 제품계열의 수를 의미하고, 제품믹스의 깊이(Depth)는 각 제품계열 안에 있는 품목의 수를 나타내며, 제품믹스의 길이(length)는 제품믹스 내 모든 제품품목의 수를 의미한다.

8 다음의 사례와 가장 관련이 있는 것은?

> 핸드폰 요금이 아까워서 10년 간 변함없이 친구들의 휴대전화기를 빌려서 사용한 대현이는 어느 날 휴대폰을 구입하고 사용 중이다. 어느 덧 요금납부일이 다가올수록 불안했던 대현이는 컴퓨터를 켜고 이메일을 확인하던 중 이메일 제목에 "휴대폰 요금납부서"라는 제목을 보게 되었고 이메일의 내용을 확인하지도 않은 채 삭제해 버리고 말았다.

① 의도적 노출　　　　　　　② 선택적 노출

③ 우연적 노출　　　　　　　④ 선택적 보유

Tip 선택적 노출은 소비자가 필요하고 관심이 있는 정보에만 자신을 노출시키는 것을 의미한다. ㉮ 신문이나 잡지의 광고 부분을 의도적으로 보지 않거나, 또는 E-Mail로 받게 되는 광고를 제목 또는 내용을 보지 않고 삭제해 버리는 경우가 해당된다.

Answer → 5.④　6.③　7.④　8.②

9 다음 중 푸시전략에 대한 설명으로 바르지 않은 것을 고르면?

① 제조사에서는 도매상을 상대로 제품설명, 재정원조, 판매의욕을 환기시키며, 도매상은 소매상을 상대로 작용을 가하며, 소매상은 최종소비자를 상대로 해당 제품 및 브랜드의 우수성을 강조하여 구매로 이끄는 것이라 할 수 있다.
② 자사의 제품취급과 더불어 소비자들에게 적극적으로 권유하도록 하는 데 그 목적이 있다고 할 수 있다.
③ 푸시전략에 의하면 소비자들의 해당 점포 방문 전에 브랜드 선택이 결정되는 방식이다.
④ 소비자들이 느끼는 제품 브랜드의 애호도는 낮다.

> 푸시전략(Push Strategy)은 브랜드의 애호도가 낮고, 브랜드의 선택이 해당 점포 안에서 이루어진다.

10 다음 마케팅 커뮤니케이션 과정에 대한 설명으로 바르지 않은 것을 고르면?

① 발신인은 개인 및 그룹에게 메시지를 보내는 당사자이다.
② 메시지는 발신인이 전달하고 싶은 내용을 조합한 것이다.
③ 해독은 발신인이 부호화하여 전달한 내용을 수신인이 해독하는 것이다.
④ 피드백은 발신인의 수신인에 대한 반응을 의미한다.

> 피드백은 수신인의 발신인에 대한 반응을 말한다.

11 기업 조직에서의 마케팅 활동에 영향을 주게 되는 환경요인에는 크게 통제 가능한 내적요인, 통제가 힘든 외적요인 등이 있다. 다음 중 외적환경요인에 속하는 것으로 볼 수 없는 것은?

① 경제적 환경　　　　　　　　② 마케팅믹스의 구성
③ 기술적 환경　　　　　　　　④ 사회적 환경

> ②번은 통제 가능한 내적 요인, 즉 내적 환경에 속한다.

12 다음 내용을 참조하여 문맥 상 괄호 안에 공통적으로 들어갈 적절한 말을 고르면?

경쟁을 넘어선 (   )이 올해 온라인 몰 시장의 트렌드로 자리를 잡아가고 있다. 24일 업계에 따르면 옥션과 G마켓은 지난 8월 롯데닷컴과 제휴를 맺고, 각각 롯데백화점의 700개 브랜드 20만여 개 상품을 선보였는데, 이후 2달 만에 매출이 40%가량 급증한 것으로 집계됐다. 이 같은 성과에 힘입어 최근에는 AK플라자가 G마켓과 옥션에 각각 입점해 400개 브랜드 총 6만 5,000여개의 브랜드 상품을 정식 유통하기 시작했다. 프리미엄 브랜드가 주는 후광효과도 쏠쏠했다. 옥션 관계자는 "지난 10월 롯데닷컴이 운영하는 롯데백화점 전용관을 통해 '남성 밀레 GTX 퍼포먼스 재킷'을 지난 2일 하루 동안 47% 할인된 14만 2,800원에 '오늘만 특가'로 선보여 하루만에 1억 1,000만 원어치를 팔았다"며 "오전에만 700여 벌이 팔려나가 오후부터는 물량을 추가해야 할 정도였다"고 말했다. 이에 따라 이날 옥션 롯데백화점 전용관 매출은 전 주 동일 대비 무려 286%나 늘었고, 스포츠 카테고리 매출도 50% 이상 상승했다. 사이트 내에서도 아웃도어 제품들이 베스트셀러 상위권에 오르기도 했다. 이렇게 아웃도어, 레저용품이 효자 품목으로 등극하면서 옥션에서 '오늘만 특가'상품에 아웃도어 상품 진행하는 횟수가 10월 한 달간 전년 동기대비 20% 이상 늘어 '브랜드 초특가 후광효과'를 톡톡히 누렸다. (   )을 위해 경쟁사와 손을 잡은 사례도 있다. CJ몰은 지난 7월 현대백화점 중동점에 이어 '현대백화점 킨텍스 관'을 정식 오픈했다. 킨텍스 관에서는 의류를 비롯해 패션잡화 · 레포츠 · 유아동 · 리빙 등 현재 약 200여개 브랜드, 2만여 점의 상품이 판매 중이다. 연내 300개 브랜드, 3만 5,000여점까지 늘린다는 계획이다. CJ몰이 경쟁사인 '현대H몰'의 한 가족이라 할 수 있는 현대백화점을 입점 시킨 이유는 더욱 다양한 프리미엄 상품군을 갖춰 경쟁력을 높이기 위해서다. 업계에선 온오프라인 유통노하우를 가진 양사가 함께 성장할 수 있는 윈-윈 모델로 긍정적인 시너지를 일으킬 수 있을 것으로 보고 있다. GS샵이 경쟁사인 롯데백화점의 3개 점포를 입점시킨 것도 같은 맥락이다. 권오열 G마켓-옥션 브랜드 팀장은 "경쟁이 날로 치열해지면서 유통업체들은 새로운 판매채널을 확보하려는 움직임이 활발한 한해였다"면서 "온오프라인 유통업체간의 제휴는 브랜드 상품군 접목이라는 온라인시장의 수요와 새로운 판로 확대를 원하는 오프라인 유통채널과의 이해관계가 맞아 떨어진 것으로 이 같은 현상은 점차 일반화될 것으로 보인다"고 말했다.

① Noise Marketing　　　　　② Green Marketing
③ Symbiotic Marketing　　　④ CRM Marketing

 공생 마케팅(Symbiotic Marketing)은 마케팅 부분에서의 기업 간의 협력, 즉 전략적 제휴를 의미하며, 고객의 취향이 다양화되고 수요가 불안정하며 기업 간 경쟁이 치열해짐에 따라 한 기업의 자원뿐만 아니라 여러 기업의 마케팅 자원을 공동으로 활용함으로써 상호 이익을 극대화 하고 리스크를 회피할 수 있는 효율적인 방안을 모색하게 되는 마케팅 기법이다.

Answer 9.③ 10.④ 11.② 12.③

13 다음 내용을 읽고 괄호 안에 들어갈 말을 순서대로 바르게 나열한 것은?

> (㉠)은/는 특히 신제품의 경우에 구매자들이 시험 삼아 사용할 수 있을 만큼의 양으로 포장하여 무료로 제공하는 것을 의미하고, (㉡)은/는 자사의 제품이나 서비스를 구매하는 고객에 한해 다른 제품을 무료로 제공하거나 저렴한 가격에 구입할 수 있는 기회를 제공하는 것을 말하며, (㉢)은/는 제품 구매 시에 소비자에게 일정 금액을 할인해 주는 증서를 말한다.

① ㉠ 콘테스트, ㉡ 프리미엄, ㉢ 할인판매
② ㉠ 보너스 팩, ㉡ 추첨, ㉢ 프리미엄
③ ㉠ 견본품, ㉡ 보너스 팩, ㉢ 할인판매
④ ㉠ 견본품, ㉡ 프리미엄, ㉢ 쿠폰

 견본품은 특히 신제품의 경우에 구매자들이 시험 삼아 사용할 수 있을 만큼의 양으로 포장하여 무료로 제공하는 것을 의미하고, 프리미엄은 자사의 제품이나 서비스를 구매하는 고객에 한해 다른 제품을 무료로 제공하거나 저렴한 가격에 구입할 수 있는 기회를 제공하는 것을 말하며, 쿠폰은 제품 구매 시에 소비자에게 일정 금액을 할인해 주는 증서를 말한다.

14 아래의 사례는 시장세분화 기준 변수 중 무엇과 관련성이 가장 높은가?

> Maxwell House 커피는 제품을 전국적으로 생산, 판매하고 있으나, 맛을 지역적으로 다르게 하고 있는데, 강한 커피를 좋아하는 서부지역에는 진한 커피를 팔고, 동부지역에는 그 보다 약한 커피를 판매하고 있다.

① 인지 및 행동적 세분화
② 심리행태적 세분화
③ 산업재 구매자 시장의 세분화
④ 지리적 세분화

 지리적 세분화는 고객이 살고 있는 거주 지역을 기준으로 시장을 세분화하는 방법이다. 이에는 지역, 도시 및 지방, 기후 등이 있다.

15 아래의 그림은 마케팅 개념의 시대별 변천과정을 나타낸 것이다. 이를 참조하여 마케팅 개념의 변천과정을 가장 잘못 설명하고 있는 사람을 고르면?

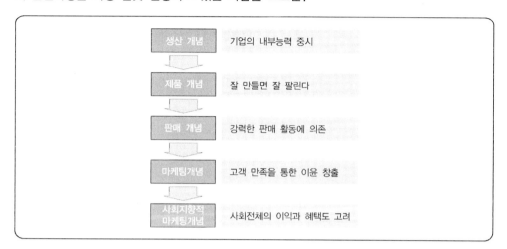

① 수현 : 생산개념은 위 그림에도 나와 있듯이 기업의 내부능력을 중시하고 있으니 소비자들은 고가의 제품에만 관심이 있다고 볼 수 있어.

② 유리 : 제품개념에서 보면 제품지향적인 기업은 다른 어떤 것보다도 보다 나은 양질의 제품을 생산하고 이를 개선하는 데 노력을 기울인다고 할 수 있지.

③ 기준 : 판매개념에서는 제품판매에 있어 이용가능한 모든 효과적인 판매활동과 촉진도구를 활용하여야 한다고 볼 수 있지.

④ 유석 : 사회지향적 마케팅 개념에서는 기업 조직이 마케팅활동의 결과가 소비자는 물론 사회전체에 어떤 영향을 미치게 될 것인가에 대한 관심을 가져야 한다고 보고 있어.

 생산지향성시대는 무엇보다도 저렴한 제품을 선호한다는 가정에서 출발한다. 즉, 소비자는 제품이용가능성과 저가격에만 관심이 있다고 할 수 있다. 그러므로, 기업의 입장에서는 대량생산과 유통을 통해 낮은 제품원가를 실현하는 것이 목적이 된다.

Answer ⟶ 13.④ 14.④ 15.①

16 다음의 내용을 읽고 괄호 안에 들어갈 말을 순서대로 바르게 나열한 것을 고르면?

> (㉠)은/는 소비자가 받아들인 정보를 자신의 선입견에 맞추어 해석하는 경향을 말한다. 예를 들어, 같은 광고를 보고도 달리 해석하는 것 등이 있다. (㉡)은/는 소비자가 자신이 받아들인 자극 중에서 극히 일부에만 주의를 기울이는 현상을 말한다. 소비자가 받아들인 자극의 정도가 크거나, 또는 현재의 욕구와 관련 있을 때 주의를 기울인다. (㉢)은/는 기억에 관한 것으로 소비자 자신의 신념과 태도에 일치하는 정보만 기억하려는 경향을 말한다.

① ㉠ 선택적 왜곡, ㉡ 선택적 보유, ㉢ 선택적 주의
② ㉠ 선택적 보유, ㉡ 선택적 왜곡, ㉢ 선택적 주의
③ ㉠ 선택적 주의, ㉡ 선택적 보유, ㉢ 선택적 왜곡
④ ㉠ 선택적 왜곡, ㉡ 선택적 주의, ㉢ 선택적 보유

 선택적 왜곡은 소비자가 받아들인 정보를 자신의 선입견에 맞추어 해석하는 경향을 말한다. 예를 들어, 같은 광고를 보고도 달리 해석하는 것 등이 있다. 선택적 주의는 소비자가 자신이 받아들인 자극 중에서 극히 일부에만 주의를 기울이는 현상을 말한다. 소비자가 받아들인 자극의 정도가 크거나, 또는 현재의 욕구와 관련 있을 때 주의를 기울인다. 선택적 보유는 기억에 관한 것으로 소비자 자신의 신념과 태도에 일치하는 정보만 기억하려는 경향을 말한다.

17 다음 중 표본추출단계를 순서대로 바르게 나열한 것은?

① 모집단 → 표본프레임의 작성 → 표본크기의 결정 → 표본추출방법의 결정 → 조사대상자의 선정
② 모집단 → 표본크기의 결정 → 표본프레임의 작성 → 조사대상자의 선정 → 표본추출방법의 결정
③ 모집단 → 표본추출방법의 결정 → 표본프레임의 작성 → 표본크기의 결정 → 조사대상자의 선정
④ 모집단 → 표본추출방법의 결정 → 표본크기의 결정 → 표본프레임의 작성 → 조사대상자의 선정

 표본추출단계
모집단 → 표본프레임의 작성 → 표본크기의 결정 → 표본추출방법의 결정 → 조사대상자의 선정

18 다음 그림과 관련한 설명으로 가장 적합한 것을 고르면?

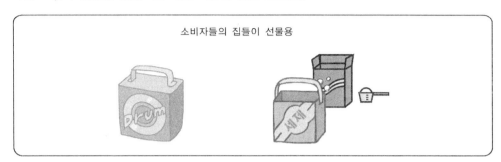

소비자들의 집들이 선물용

① 자사제품의 속성이 경쟁제품에 비해 차별적인 속성을 지니고 있어 그에 대한 혜택을 제공한다는 것을 소비자에게 인식시키는 포지셔닝 전략이라 할 수 있다.

② 소비자들이 인지하고 있는 기존 경쟁제품과 비교함으로써 자사 제품의 편익을 강조하는 포지셔닝 전략이라 할 수 있다.

③ 경쟁사 제품과는 사용상황에 따라 차별적으로 다르다는 것을 소비자에게 인식시키는 포지셔닝 전략이라 할 수 있다.

④ 자사의 제품이 특정 사용자 계층에 적합하다고 소비자에게 강조하여 포지셔닝하는 전략이라 할 수 있다.

 ③번은 사용상황에 의한 포지셔닝을 설명한 것으로 소비자들이 집들이에 가야 하는 상황을 연출하여 자사의 제품이 이에 가장 부합한다는 것을 소비자들에게 인지시키는 전략이다.

19 다음 그림을 보고 ㉠, ㉡, ㉢에 들어갈 내용을 순서대로 바르게 나열한 것을 고르면?

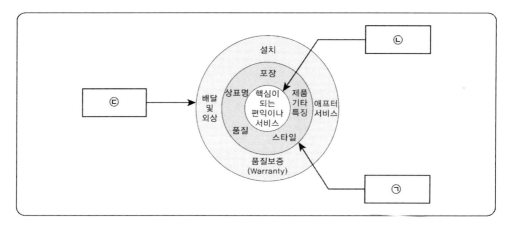

① ㉠ 비탐색품, ㉡ 핵심제품, ㉢ 확장제품
② ㉠ 비탐색품, ㉡ 유형제품, ㉢ 확장제품
③ ㉠ 확장제품, ㉡ 핵심제품, ㉢ 유형제품
④ ㉠ 유형제품, ㉡ 핵심제품, ㉢ 확장제품

 유형제품은 소비자들이 제품으로부터 추구하는 혜택을 구체적인 물리적 속성들의 집합으로 유형화시킨 것을 말하고, 핵심제품은 제품의 핵심적인 측면을 나타내는 것으로 제품이 본 질적으로 수행하는 기능을 말하며, 확장제품은 전통적인 제품의 개념이 고객서비스에까지 확대된 것을 의미한다.

20 다음 중 초기 고가격전략(Skimming Pricing Strategy)에 대한 설명으로 바르지 않은 것은?

① 이 전략은 신제품을 처음으로 시장에 내놓을 때 높은 진출가격을 책정하고 수요층의 확대와 함께 더불어 순차적으로 가격을 내리는 전략을 의미한다.
② 경쟁기업이 낮은 가격의 대체품으로 대응하기 전에 조기이윤을 획득할 목적으로 많이 활용하는 전략이라 할 수 있다.
③ 제품의 조기수용자가 충분하지 않을 경우에 적합한 전략이다.
④ 자사의 신제품이 경쟁사들에 비해 높은 경쟁우위를 지닐 때 상당히 효과적으로 적용이 가능하다.

 초기 고가격전략은 제품의 조기수용자가 충분할 경우에 적합한 전략이다.

21 다음의 사례를 가장 잘 표현한 가격전략은?

> 미국의 컴퓨터업계에 '좋은 서비스가 컴퓨터를 팔게 한다'라는 격언이 있다. 하지만, 이를 무시하고 미국의 개인용 컴퓨터 사업에 뛰어든 PC 기업이 있었는데, 바로 현대전자였다. 수년 전에 현대전자는 성능에서 IBM, Tandom 등의 PC와 비교해도 손색이 없는 컴퓨터를 그들 가격의 반값인 699달러로 Wal-Mart 등 저가격 대형 소매상에서 판매하였다. 이 전략은 새로운 시장에 침투하기 위해 기존의 관념을 깨뜨린 전형적인 예다. 다시 말해, PC에 대해 좋은 서비스를 제공할 수는 없었지만 PC를 가지고 싶어하는 직장인을 목표로 시장에 파고든 것이다.

① 스키밍 전략
② 종속제품가격결정전략
③ 2부제 가격전략
④ 침투가격전략

 침투가격전략은 시장 진입 초기에 경쟁사 제품보다 상대적으로 가격을 저렴하게 정한 후에 실질적인 시장점유율을 확보하고 나서부터는 서서히 가격을 올리는 전략을 의미한다.

22 다음 소매 마케팅의 특징 중 가장 올바르지 않은 내용은?

① 소매 마케팅의 다양한 정책적 의사결정요소들은 소매업체의 성과·매출액 향상에 직접적으로 영향을 미칠 수 있는 요소들로 구성된다.
② 최근 마케팅전략에서 중요시 되고 있는 소위 STP 전략의 중요성이 소매업 경영에서도 중요시 되고 있다.
③ 매장경영자는 적합한 디스플레이 정책을 통해 내방고객이 매장 내 진열되어 있는 다양한 상품을 보다 많이 구매하여 매출을 증진시킬 수 있도록 해야 한다.
④ 소매 마케팅의 정책적 의사결정요소들 간의 절대적인 우선순위는 이미 결정되어 있기 때문에 성과향상을 위한 좋은 입지선정이 가장 중요하다.

 소매 마케팅의 정책적 의사결정요소들 간의 상대적인 우선순위는 상황에 따라 달라진다.

Answer → 19.④ 20.③ 21.④ 22.④

23 다음 박스 안의 내용을 읽고 가장 관련성이 높은 것을 고르면?

> 이것은 광고를 1년 365일 꾸준하게 진행하는 방법으로, 무엇보다도 광고에 대한 공백이 없기 때문에 경쟁사에 대한 대응이 용이하다는 이점이 있는 스케줄링 방식이다.

① 집중형 스케줄링   ② 선점형 스케줄링

③ 파동형 스케줄링   ④ 지속형 스케줄링

 지속형 스케줄링은 1년 내내 광고를 지속한다는 특성으로 인해 주로 광고의 예산이 많을 때 활용하며, 1년 내내 광고를 함으로서 소비자들에게 임팩트를 줄 수 있는 광고의 힘을 발휘할 시기가 따로 없으며, 매출의 변화에 대해 기민하게 대응하기 어렵다는 문제점이 있다.

24 아래의 그림은 유화용 붓을 담가 놓은 기름에 23km라고 적힌 광고인데, 다음 중 이와 관련한 소구 방법을 가장 효과적으로 표현한 것을 고르면?

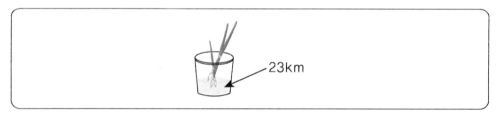

① 유머를 통해 좋은 기분이나 또는 감정 등을 유발해서 제품을 호의적으로 평가하게 하는 효과를 지닌 형태의 소구방식이다.

② 소비자들의 불쾌감, 불안, 공포 등의 감정에 호소하는 소구형태이다.

③ 자사의 브랜드가 선택될 수 밖에 없는 합리적인 이유를 설명하거나 객관적인 근거를 제시함으로써 표적소비자에게 제품에 대한 지식과 정보를 제공하는 광고 전략이다.

④ 소비자가 광고에서 권장하는 제안을 따르지 않았을 때 겪을 수 있는 부정적 결과에 대한 두려움이나 또는 공포 등을 활용하는 형태이다.

 위 그림은 이성적 소구를 활용한 광고로써 유화용 붓을 담가 놓을 정도의 기름이 존재한다면, 무려 23km나 자동차가 달릴 수 있을 만큼의 연비가 좋다는 것을 사람들의 이성적인 시각으로 인지시켜 주는 이성적 소구 방법의 사례라 할 수 있다. ①번은 유머소구, ②번은 부정적 소구, ③번은 이성적 소구, ④번은 공포소구를 각각 설명한 것이다.

25 전략은 구사하는 수준에 따라서 기업 수준 전략, 사업부 수준 전략, 제품·브랜드 단위 수준의 전략으로 나뉘어진다. 이 중 아래의 그림은 경영전략의 수준을 나타낸 것인데, 이에 대한 설명으로 가장 부적절한 사항을 고르면?

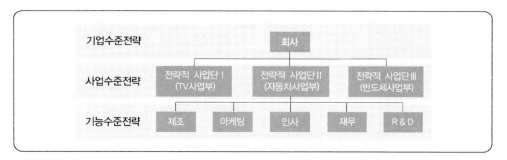

① 전사적 전략은 기업수준 전략이라고도 하는데, 주로 사업의 영역을 선택하고, 이를 기반으로 사업을 어떻게 효과적으로 관리할 것인가의 문제를 다루는 부분이다.

② 전사적 전략의 경우 수직적 통합이나 전략적 제휴, 사업의 다각화, 인수합병 등의 문제를 다룬다.

③ 사업부 전략은 사업수준 전략이라고도 하는데, 특정하지 않은 사업 영역에서 여러 타사와 비슷한 이익을 서로 확보하고, 이를 효과적으로 유지해 나가는지에 대한 방법의 문제를 다룬다.

④ 기능전략은 기능수준 전략이라고도 하는데, 이러한 기능 전략은 사업부 전략으로부터 도출되고, 상위의 전략을 효과적으로 실행하기 위한 하나의 수단으로서 그 역할을 한다. 기업의 생산, 마케팅, 재무, 인사 등 경영의 주된 기능 내에서 어떻게 하면 기업에게 주어진 자원을 효과적으로 이용할 것인가의 문제를 다루는 역할을 한다.

> **Tip** 사업부 전략은 사업수준 전략이라고도 하며, 특정한 사업 영역 내에서 여러 타사에 비해 어떻게 경쟁우위를 확보하고, 이를 효과적으로 유지해 나가는지에 대한 방법의 문제를 다룬다.

Answer↳ 23.④ 24.③ 25.③

26 다음 중 매체수단에 대한 내용으로 잘못 기술한 것은?

① 신문의 경우에는 복잡하면서도 긴 메시지의 전달이 가능한 수단이다.
② 옥외 광고의 경우에는 도시의 미관이나 환경적인 측면에서의 비판 및 규제 등의 문제가 발생할 수 있다.
③ TV의 경우에는 긴 메시지에는 부적합한 수단이다.
④ 잡지의 경우에는 시청각이 모두 가능한 수단이다.

 잡지의 경우에는 사람들이 눈으로 보고 읽기만 하므로, 시각적인 효과에 한정되는 수단이다.

27 다음 중 소매상을 위해 도매상이 수행하는 기능으로 바르지 않은 것은?

① 신용 및 금융의 기능
② 구색갖춤의 기능
③ 대단위판매의 기능
④ 기술지원의 기능

 도매상은 생산자로부터 대량주문을 통해 제품을 소량으로 나누어서 소매상들의 소량주문에 응할 수 있으므로 생산자와 소매상 양자의 니즈를 충족시킬 수 있기 때문에 소단위판매의 기능을 제공한다.

28 다음 중 성격이 다른 하나는?

① 자동판매기   ② 전문점
③ 편의점   ④ 양판점

 ①번은 무점포소매상에 속하며, 나머지 ② · ③ · ④번은 점포소매상에 속한다.

29 다음 중 마이클 포터의 5 Force Model의 요소에 해당하지 않는 것은?

① 산업 내 경쟁자　　　　　　② 중간상의 교섭력

③ 잠재적 진입자　　　　　　　④ 공급자의 교섭력

 5마이클 포터의 경쟁전략 분석
　　ⓐ 산업 내 경쟁자
　　ⓑ 잠재적 진입자
　　ⓒ 대체재
　　ⓓ 공급자의 교섭력
　　ⓔ 수요자의 교섭력

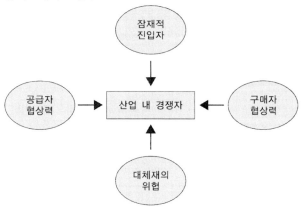

30 다음의 사례를 가장 잘 표현하고 있는 것을 고르면?

> 어느 날 A국에서 쿠데타를 일으켜 이를 지휘하고 있던 대현이는 많은 부하 군인들에게 항상 하는 말이 있었다. "위대한 조국을 위해 죽는 영광" 만을 강조하여 본인이 일으킨 군사 쿠데타를 미화시키기 일쑤였다. 하지만 그들 중 일부는 공감하였으며, 일부는 아무 생각이 없었으며, 일부는 그렇게 생각하지 않았다.

① 선택적 포기　　　　　　　② 선택적 보유

③ 선택적 주의　　　　　　　④ 선택적 왜곡

 선택적 왜곡은 소비자가 받아들인 정보를 자신의 선입견에 맞추어 해석하는 경향을 의미한다.
　　예 동일한 광고를 보고도 달리 해석하는 것

Answer ↪ 26.④　27.③　28.①　29.②　30.④

31 다음 소비자행동의 영향요인 중 직접적인 요소로 보기 어려운 것은?

① 개인   ② 기술

③ 상황   ④ 심리

 소비자행동의 직접적인 영향 요인
㉠ 개인
㉡ 상황
㉢ 심리
㉣ 사회문화

32 다음 마케팅조사의 내용 중 탐색조사(Exploratory Rescarch)에 대한 설명으로 부적절한 것은?

① 탐색조사의 목적은 현 상태를 있는 그대로 정확하게 묘사하는 데 있다.
② 조사목적을 명확히 정의하기 위해서, 또는 필요한 정보를 분명히 파악하기 위해서 시행하는 예비조사의 성격을 지닌 조사방법이다.
③ 특정한 문제가 잘 알려져 있지 않은 경우에 적합한 조사방법이다.
④ 탐색조사에 활용되는 것으로는 문헌조사, 사례조사, 전문가 의견조사 등이 있다.

 현재의 상태를 있는 그대로 정확하게 묘사하는 것을 목적으로 하는 것은 조사방법은 기술조사(Descriptive Research)이다.

33 다음 마케팅조사에 관한 설명 중 서열척도(Ordinal Scale)에 대한 내용으로 옳지 않은 것은?

① 대상을 어떤 변수에 대해 서열적으로 배열할 경우에 쓰이는 척도이다.
② 간격척도 및 비율척도처럼 연산수행이 이루어지지 않는다.
③ 측정 대상들의 특성을 서열로 나타낸 것이다.
④ 순서는 의미가 없는 반면에, 수치 간격이 얼마나 큰지에 대한 의미는 있다.

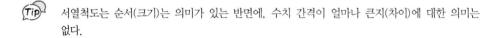 서열척도는 순서(크기)는 의미가 있는 반면에, 수치 간격이 얼마나 큰지(차이)에 대한 의미는 없다.

34 다음 중 관찰법에 대한 내용으로 가장 거리가 먼 것은?

① 피 관찰자가 제공할 수 없거나 또는 제공하기를 꺼리는 정보 등을 취득하는 데 적합하다.

② 자료를 수집함에 있어 피 관찰자의 협조의도 및 응답능력이 문제가 되지 않는다.

③ 피 관찰자의 느낌 및 동기, 장기적인 행동 등에 대해서도 관찰이 가능하다.

④ 관찰법은 조사대상의 행동 및 상황 등을 직접적 또는 기계장치를 통해서 관찰해서 자료를 수집한다.

 관찰법에서는 피 관찰자의 느낌 및 동기, 장기적인 행동 등에 대해서는 관찰이 불가능하다.

35 다음 중 등간척도(Interval Scale)에 관한 사항으로 가장 옳지 않은 것은?

① '×', '/'는 가능하지만, '+', '−'는 불가능하다.

② 크기 등의 차이를 수량적으로 비교할 수 있도록 표지가 수량화된 경우의 척도이다.

③ 등간척도는 간격이 일정한 척도이다.

④ 측정되어진 값들은 동일한 간격을 가지고 있다.

 등간척도는 '+', '−'는 가능하지만, '×', '/'는 불가능하다.

36 다음 중 인과적 추론의 타당성을 낮게 하는 내재적인 요인으로 볼 수 없는 것은?

① 측정도구의 변화　　　　　　　② 처리와 상실의 상호작용

③ 후광효과　　　　　　　　　　④ 회귀인공요소

 인과적 추론의 타당성을 낮게 하는 내재적인 요인

　　　㉠ 측정도구의 변화

　　　㉡ 처리와 상실의 상호작용

　　　㉢ 성숙효과

　　　㉣ 선발과 성숙의 상호작용

　　　㉤ 회귀인공요소

　　　㉥ 측정요소

　　　㉦ 역사적 요소

　　　㉧ 상실요소

Answer┌→ 31.② 32.① 33.④ 34.③ 35.① 36.③

37 다음 포지셔닝의 사례를 가장 잘 설명한 것은?

> 예 레간자 – "소리 없이 강하다."
> 예 파로돈탁스 – "잇몸질환 치료 치약입니다."
> 예 Olympus 디지털카메라 – "당신의 디카는 비 앞에서 당당한가?"
> 예 하우젠 세탁기 – "삶지 않아도 ~ 하우젠 드럼 세탁기"
> 예 마티즈 – "세금 및 저렴한 유지비를 강조"

① 소비자가 인식하고 있는 기존의 경쟁제품과 비교함으로써 자사 제품의 편익을 강조하는 전략이다.

② 자사 제품의 적절한 사용상황을 설정함으로서 타사 제품과 사용상황에 따라 차별적으로 다르다는 것을 소비자에게 인식시키는 전략이다.

③ 자사제품의 속성이 경쟁제품에 비해 차별적 속성을 지니고 있어서 그에 대한 혜택을 제공한다는 것을 소비자에게 인식시키는 전략이다.

④ 제품이 특정 사용자 계층에 적합하다고 소비자에게 강조하여 포지셔닝 하는 전략이다.

 제품속성에 의한 포지셔닝은 자사제품의 속성이 경쟁제품에 비해 차별적인 속성을 지니고 있어서 그에 대한 혜택을 제공한다는 것을 소비자에게 인식시키는 전략이다. 동시에 가장 널리 사용되는 포지셔닝 전략방법이다.

38 다음 중 통계적인 관찰의 대상이 되는 집단 전체를 무엇이라고 하는가?

① 표본오차   ② 표본
③ 모집단   ④ 모수

 모집단은 통계적 관찰 대상의 집단 전체를 의미하며, 어떤 집단을 통계적으로 관찰해서 평균 및 분산 등을 조사할 때, 또는 관찰의 대상이 되는 집단 전체를 조사하는 것이 갖가지 이유로 어려울 경우에, 전체 중 일부를 추출해서 이를 조사함으로써 전체의 성질을 추정하는 방법이다.

39 다음 중 성격이 다른 하나는?

① 할당표본 추출법   ② 층화임의 추출법
③ 눈덩이 표본추출법   ④ 편의표본 추출법

 ②번은 확률표본추출법에 속하며, ①·③·④번은 비확률 표본추출법에 속한다.

40 변수를 종속변수와 독립변수로 분리하지 않고 변수 전체를 대상으로 어떤 변수들끼리 서로 같은 분산의 구조를 가지고 있느냐를 살펴보아 이를 요인으로 분류하는 상호의존적 분석기법을 무엇이라고 하는가?

① Analysis Of Variance

② Factor Analysis

③ Conjoint Analysis

④ Factor Analysis

 요인분석(Factor Analysis)은 여러 개의 변수들이 서로 어떻게 연결되어 있는가를 분석하여 이들 변수 간의 관계를 공동요인을 활용해서 설명하는 분석기법이다.

41 다음 박스 안의 내용을 참조하여 각 내용이 의미하는 바를 적절하게 표현한 것을 고르면?

> • (㉠)으로 동일한 상품일지라도 소비자에 따라 품질이나 성과가 다르게 평가되는데, 예를 들면 동일한 여행 일정으로 여행을 다녀온 소비자들 간에도 해당 여행에 대한 평가는 서로 다를 수 있다.
> • 한국병원경영연구원 신현희 연구원은 24일 대한병원협회에서 개최된 '국내병원의 START 홍보전략' 세미나에서 변화하고 있는 병원 홍보 트렌드에 대해 소개했다. 신현희 연구원은 "의료서비스는 사물이 아니기 때문에 진열이나 설명이 어렵고 환자가 직접 시술을 받기 전에는 확인이 불가능한 (㉡)적인 측면이 있다"고 말했다.

① 서비스의 특성 중 ㉠은 소멸성을 의미하고, ㉡은 무형성을 의미한다.

② 서비스의 특성 중 ㉠은 비분리성을 의미하고, ㉡은 소멸성을 의미한다.

③ 서비스의 특성 중 ㉠은 무형성을 의미하고, ㉡ 이질성을 의미한다.

④ 서비스의 특성 중 ㉠은 이질성을 의미하고, ㉡은 무형성을 의미한다.

 ㉠ 이질성은 서비스의 생산 및 인도과정에서의 가변성 요소로 인해 서비스의 내용과 질이 달라질 수 있다는 것을 의미하며, ㉡ 무형성은 소비자가 제품을 구매하기 전, 오감을 통해 느낄 수 없는 것을 말한다. 다시 말해, 무형의 혜택을 소유할 수는 없는 것이다.

42 다음의 설명들 중에서 선매품에 대한 내용으로 가장 바르지 않은 것을 고르면?

① 제품의 차별성을 강조하는 광고, 선택적 유통, 점포의 이미지가 중요하다.

② 비교적 고관여의 제품군에 속한다.

③ 유통점의 브랜드와 이미지는 중요한 고려요소로 볼 수 없다.

④ 습관적인 구매보다는 여러 브랜드를 놓고 비교 구매하는 경향이 많다.

 선매품에서는 유통점의 브랜드 및 이미지도 중요한 고려요소이다.

43 다음 중 성격이 다른 하나는?

① 전문품　　　　　　　　② 선매품

③ 편의품　　　　　　　　④ 소모품

 ①·②·③번은 소비재에 해당하고, ④번은 산업재에 해당한다.

44 다음 중 신제품의 확산에 있어 영향을 끼치는 요인에 해당하지 않는 것은?

① 상대적인 이점　　　　　② 복잡성

③ 양립의 가능성　　　　　④ 사용 가능성

 신제품의 확산에 영향을 미치는 요소
ㄱ 단순성
ㄴ 상대적인 이점
ㄷ 양립 가능성
ㄹ 커뮤니케이션 가능성
ㅁ 사용 가능성

45 다음 중 제품수명주기의 단계별 순서를 바르게 배열한 것을 고르면?

① 도입기 → 성숙기 → 성장기 → 쇠퇴기　　② 성장기 → 도입기 → 성숙기 → 쇠퇴기

③ 도입기 → 쇠퇴기 → 성장기 → 성숙기　　④ 도입기 → 성장기 → 성숙기 → 쇠퇴기

 제품수명주기의 단계별 순서
도입기 → 성장기 → 성숙기 → 쇠퇴기

46 다음 중 가격의 역할로 보기 어려운 것은?

① 원가우위 또는 차별적인 우위가 뒷받침 될 필요가 없다.

② 중요한 경쟁의 도구

③ 기업 조직의 수익을 결정하게 되는 유일한 변수

④ 제품에 대한 정보를 제공하는 역할

> (Tip) 가격은 원가 우위 또는 차별적인 우위가 뒷받침되어야 한다.

47 일반적으로 마케팅 관리를 위해서는 제품과 서비스를 분류하는 것이 효과적이다. 보통 제품은 구매자의 성격에 따라 소비재와 산업재로 구분되는데, 아래의 그림은 소비재 중 하나인 편의품에 대한 것이다. 편의품은 제품에 대해 완전한 지식이 있으므로 최소한의 노력으로 적합한 제품을 구매하려는 행동의 특성을 보이는 제품을 의미하는데, 다음 중 편의품에 관한 사항으로 가장 옳지 않은 내용을 고르면?

① 구매빈도가 높은 저가의 제품이다.

② 제품구매를 위해 사전에 철저한 계획을 세워야 한다.

③ 최소한의 노력과 습관적으로 구매하는 경향이 있는 제품이다.

④ 편의품을 판매하는 소매점의 특성은 별로 중요하지 않으며, 판로의 수가 많을수록 좋다.

> (Tip) 편의품에는 주로 식료품·약품·기호품·생활필수품 등이 이에 속하며, 구매를 하기 위하여 사전에 계획을 세우거나 점포 안에서 여러 상표를 비교하기 위한 노력을 하지 않으므로 구매자는 대체로 습관적인 행동 양식을 나타낸다. 따라서 구매할 필요가 생기면 빠르고 쉽게 구매를 결정하며, 선호하는 상표가 없더라도 기꺼이 다른 상표의 제품으로 대체한다.

Answer ↱→ 42.③ 43.④ 44.② 45.④ 46.① 47.②

48 아래 제시된 박스 안의 내용과 가장 관련이 깊은 가격결정방법은 무엇인가?

> 본 제품과 이에 따른 소모품이 있을 경우에 소비자는 본 제품을 구매하기 위해 지불한 금액을 매몰비용으로 인식하지 않고, 소모품을 정기적으로 구입함으로써, 본 제품에 대한 투자를 회수한다고 생각하는 경향이 있다. 따라서 소비자들은 본 제품에 대해 초기에 많은 금액을 지불하기보다는 가격이 저렴하고 가치 있는 본 제품을 사용하면서 이에 따르는 소모품은 그 가격이 다른 브랜드보다 조금 비싸더라도 기꺼이 이를 구매하려 한다.

① 이분가격결정(two-part pricing)
② 묶음가격(price bundling)
③ 이미지 가격결정(image pricing)
④ 노획가격결정(captive pricing)

 종속제품 가격책정, 즉 구속가격(captive pricing) 또는 노획가격은 프린터와 프린터 잉크, 카메라와 필름, 컴퓨터와 소프트웨어 등의 완전 보완재의 경우 주 품목의 가격은 저렴하게, 부 품목의 가격은 비싸게 책정하여 판매하는 방식이다. 예를 들어 면도기의 가격은 낮게 책정하고 면도날의 가격은 높게 책정한다든지, 프린터의 가격은 낮은 마진을 적용하고 카트리지나 다른 소모품의 가격은 높은 마진을 적용하는 등의 가격결정 방식이다.

49 다음 중 인적판매에 대한 내용으로 가장 옳지 않은 것은?

① 판매원들이 직접적으로 소비자들을 만나 제품을 알리고 주문을 유도하는 활동이다.
② 단방향 커뮤니케이션이 이루어진다.
③ 소비자들과의 장기적인 관계를 형성하는 관계지향적인 판매가 이루어져야 한다.
④ 소비자들에 대한 즉각적인 피드백을 얻을 수 있다.

 인적판매는 판매원과 소비자들과의 직접적인 만남을 통해 이루어지는 방식이므로 쌍방향 커뮤니케이션이 이루어지게 된다.

50 다음 중 회귀분석에 대한 기본 가정으로 바르지 않은 것은?

① 종속변수 및 오차의 분포가 정상분포를 이루어야 한다.
② 독립변인 및 종속변인 간 관계가 직선적이어야 한다.
③ 모든 개체들의 오차가 서로 자기 상관이 있어야 한다.
④ 오차들의 분산이 일정해야 한다.

 모든 개체들의 오차가 서로 자기 상관이 없어야 한다.

51 아래 박스에서 설명하고 있는 추종상표의 마케팅 전략은 어떤 소비자 구매행동 유형에 가장 적합한지 고르면?

> • 시장선도 상표는 넓은 진열면적을 점유하며, 재고부족을 없애고 빈번한 광고를 통하여 소비자로 하여금 습관적 구매를 유도하는 전략을 사용하는 것이 유리하다.
> • 추종상표는 낮은 가격, 할인 쿠폰, 무료샘플 등을 활용하여 시장 선도제품을 사용하고 있는 소비자들로 하여금 상표전환을 유도하는 전략을 사용하는 것이 유리하다.

① 다양성 추구 구매행동
② 습관적 구매행동
③ 복잡한 구매행동
④ 고관여 구매행동

 추종상표는 시장선도 상표를 따르는 후발제품의 브랜드이다. 이 경우에는 다양한 판촉수단을 사용하여 시장 선도제품을 사용하고 있는 소비자들로 하여금 상표전환을 유도하는 전략을 사용하는 것이 유리하다. 그러므로 이러한 마케팅 전략은 다양성 추구 구매행동을 보이는 소비자에 적합하다. 이러한 다양성 추구 구매행동은 소비자 관여도가 낮지만 브랜드 간 차이가 상당히 큰 구매상황에서 나타난다. 이런 행동을 보이는 소비자는 브랜드를 자주 바꾼다.

Answer → 48.④ 49.② 50.③ 51.①

52 다음의 사례를 보고 문맥 상 괄호 안에 들어갈 말로 가장 적절한 것은?

> 이는 지난 21일 개최된 '한국지방세학회'에서 만난 지방세 공무원들에게는 이미 희망이 사라진 듯 보였다. '절망'감에 가득 찬 그들의 표정에서는 일에 대한 의욕도, 믿음도 사라져 가는 듯 했다. "제 동료는 26세에 공무원이 되어 현재 53세입니다. 7급에서 6급으로 승진이 가능할지 희망이 안 보인다고 합니다. 저는 아예 승진을 포기한 상태입니다", "승진할 수 있을 것이라는 희망이 안 보입니다", "이제는 거의 포기상태입니다". 이렇게 희망이 사라져 가니, 징세업무에도 소극적이 된다는 것이 그들의 말이다. "열심히 세금 걷어 봤자, 우리가 쓰는 것도 아니고 정부에서 우리의 업무에 대해 보상을 제대로 해 주는 것도 아닌데 그냥 대충대충 하자"는 인식이 지방세 공무원들 사이에 팽배해 있다는 것이다. 매슬로우의 욕구단계이론을 적용해 보면 공무원들에게 있어 승진누락, 인사적체 문제는 이러한 (   )를 좌절시키는 중요한 요인이 된다.

① 자아실현 욕구 　　　　② 안전의 욕구
③ 사회적 소속감의 욕구 　② 존중의 욕구

 매슬로우의 욕구 5단계설 중 자아실현의 욕구는 인간의 기본 욕구 가운데 최상위 욕구로, 자신의 잠재적 능력을 최대한 개발해 이를 구현하고자 하는 욕구를 의미한다.

53 다음 내용을 참조하여 공통적으로 의미하는 것을 고르면?

> • 유통망의 공동적 활용
> • 회사조직 간 협력광고
> • 공동적인 브랜드의 개발
> • 항공사와 카드사와의 전략적인 제휴

① 인터넷 마케팅 　　　　② 바이럴 마케팅
③ 공생 마케팅 　　　　　④ 노이즈 마케팅

 공생마케팅은 서로 비슷한 유통경로 수준에 있는 기업들이 자본 및 생산, 마케팅기능 등을 서로 결합하여 각각의 기업 자원을 공유하여 이를 전략적으로 활용해 경쟁우위를 점하려는 마케팅 방법이다.

54 다음은 CRM의 발전방향에 대한 내용이다. 이 중 가장 바르지 않은 것을 고르면?

① 불평, 불만을 해결하던 고객지원센터를 고객의 지식을 획득하고 활용할 수 있는 고객 주도형으로 업무를 개편해야 한다.

② 기업 조직은 고객의 지식에 초점을 맞추고 고객의 가치 상승에 의해 기업이 획득하고 활용할 지식의 원천으로서 고객의 의미를 새롭게 인지해야 한다.

③ CRM은 고객과의 협력관계가 강화될 시에 우월한 성과가 나타나므로 고객과의 협력 단계로 확장되어야 한다.

④ 고객과의 대화를 통해서 고객의 변화를 예측하고 기업은 변함없이 그대로여야 한다.

> (Tip) CRM은 고객과의 지속적인 관계구축을 해야 하므로 고객의 다양한 니즈의 변화를 예측하고 그에 걸맞게 기업도 변화를 해야 한다.

55 포장화, 상표명, 특성, 품질, 스타일 등 소비자들이 제품으로부터 추구하는 혜택을 구체적인 물리적인 속성들의 집합으로 유형화시킨 것을 무엇이라고 하는가?

① 비매품
② 유형제품
③ 핵심제품
④ 확장제품

> (Tip) 유형제품은 제품의 유형적 측면을 나타내는 것, 즉 제품의 물리적 형태를 취하고 있는 제품을 의미한다.

05 인적자원관리

1 직무 평가에 대한 설명으로 옳지 못한 것은?

① 직무평가는 기업 조직에서 각 직무의 숙련·노력·책임·작업조건 등을 분석 및 평가하여 다른 직무와 비교한 직무의 상대적 가치를 정하는 체계적인 방법을 의미한다.

② 직무평가는 종업원 직무의 상대적 가치에 따라서 조직의 합리적이면서도 공정한 임금시스템을 마련하는 기반을 제공한다.

③ 직무평가는 임금과 연관되는 종업원들 간의 갈등을 심화시킨다.

④ 조직의 직무평가는 직무 그 자체의 가치를 평가하는 것일 뿐, 종업원을 평가하기 위한 것이 아니다.

 ③ 기업 조직에서의 직무평가는 종업원 직무의 상대적 가치에 따라서 조직의 합리적이면서도 공정한 임금시스템을 마련하는 기반을 제공할 뿐만 아니라, 임금과 연관되는 종업원들 간의 갈등을 최소화시킬 수 있으며 직무급 실시에 있어서 초석이 된다.

※ 직무 평가의 효용
- ⊙ 공정한 임금체계(임금격차)의 확립 : 기업 조직에서의 직무평가는 종업원 직무의 상대적 가치에 따라서 조직의 합리적이면서도 공정한 임금시스템을 마련하는 기반을 제공할 뿐만 아니라, 임금과 연관되는 종업원들 간의 갈등을 최소화시킬 수 있으며 직무급 실시에 있어서 초석이 된다.
- ⓒ 종업원들의 적재적소 배치를 실현 : 조직에서 직무의 중요성, 난이도 및 직무의 가치에 따라 종업원의 능력을 기준으로 효과적인 적재적소 배치가 실현가능하다. 다시 말해 직무가치가 높은 직무들에 대해서는 보다 실력 있는 종업원을 배치할 수 있다.
- ⓒ 핵심역량 강화지표 설계 : 조직의 직무평가는 직무 그 자체의 가치를 평가하는 것일 뿐, 종업원을 평가하기 위한 것이 아니다. 즉, 직무에 국한된 핵심역량지표를 추출하는데 강조를 두어야 할 부분이다.
- ② 노사 간의 임금협상의 기초 : 합리적인 직무평가의 결과는 노사 간의 임금교섭을 할 때 협상의 초석이 될 수 있다.
- ⑩ 인력개발에 대한 합리성 제고 : 조직 인력개발의 주요 수단인 경력경로를 설계할 때 기업 안의 각 직무들 간의 중요성 및 난이도 등의 직무가치 정도에 따라 보다 더 효율적인 이동경로를 설계할 수 있다.

2 다음은 교육훈련 기법 중 직장 외 교육훈련에 관한 내용이다. 이에 대한 설명으로 바르지 않은 것은?

① 현장의 직속상사를 중심으로 하는 라인 담당자를 중심으로 해서 이루어진다.

② 교육훈련을 담당하는 전문스태프의 책임 하에 집단적으로 교육훈련을 실시하는 방식이다.

③ 기업 내 특정한 교육훈련시설을 통해서 실시되는 경우도 있고, 기업 외의 전문적인 훈련기관에 위탁하여 수행되는 경우도 있다.

④ 이러한 방식은 현장작업과 관계없이 계획적으로 훈련할 수 있는 방식이다.

(Tip) ①번은 직장 내 교육훈련에 관한 설명이다.

3 카페테리아식 복리후생제도의 종류가 아닌 것은?

① 선택적 지출 계좌형

② 법정 복리후생

③ 모듈형

④ 핵심 추가 선택형

(Tip) ② 카페테리아식 복리후생은 기업 조직에 소속된 종업원들이 기업이 제공하는 복리후생제도나 시설 중에서 종업원이 원하는 것을 선택함으로서 자신의 복리후생을 스스로 원하는 대로 설계하는 것을 말한다.

※ 카페테리아식 복리후생

　㉠ 개념 : 카페테리아식 복리후생은 기업 조직에 소속된 종업원들이 기업이 제공하는 복리후생제도나 시설 중에서 종업원이 원하는 것을 선택함으로서 자신의 복리후생을 스스로 원하는 대로 설계하는 것을 말한다.

　㉡ 카페테리아식 복리후생제도의 종류

구분	내용
선택적 지출 계좌형	종업원 개개인에게 주어진 복리후생의 예산 범위 내에서 종업원들 각자가 자유롭게 복리후생의 항목들 중에서 선택하도록 하는 제도를 말한다.
모듈형	기업 조직이 몇 개의 복리후생 내용들을 모듈화 시켜서 이를 종업원들에게 제공한 후에, 각 종업원들이 자신들에게 제일 적합한 모듈을 선택하도록 하는 것을 말한다.
핵심 추가 선택형	기업 조직의 종업원들에게 기초적으로 필요하다고 판단되는 최소한의 복리후생을 제공한 후에 이런 핵심항목들을 보충할 수 있는 내용들을 추가로 제공하여 종업원들이 제시된 항목 중에서 스스로가 원하는 항목을 선택하도록 하는 것이다. 다시 말해, 복리후생에 대한 핵심항목들을 기업이 제공하고, 추가된 항목들에 대해서 각 종업원들에게 선택권을 부여하는 것을 말한다.

Answer ⤷ 1.③　2.①　3.②

4 다음 인사관리의 환경에 대한 설명 중 성격이 다른 하나는?

① 가치관의 변화

② 경제여건의 변화

③ 노동조합의 발전

④ 정보기술의 발달

 ①번은 내부 환경에 속하며, ②·③·④번은 외부환경에 속한다.

> **PLUS** tip
> ㉠ 인사관리의 내부 환경
> • 가치관의 변화
> • 노동력 구성의 변화
> • 조직규모의 확대 및 변화
> ㉡ 인사관리의 외부 환경
> • 경제여건의 변화
> • 정부개입의 증대
> • 정보기술의 발달
> • 노동조합의 발전

5 다음 중 포드 시스템에 관한 사항으로 옳지 않은 것은?

① 포드시스템은 인간관계론보다 진화된 것이지만, 이 2가지 방식은 모두 시간연구와 동작연구를 기반으로 하고 있다.

② 유동작업을 기반으로 하는 새로운 생산관리 방식을 포드시스템(Ford System) 또는 동시관리(Management By Synchronization) 라고도 한다.

③ 포드는 기업에 있어서 이윤이라는 것은 사회에 대한 봉사의 대가로서 기업의 존속성과 발전을 위해서는 반드시 필요한 요소라고 인정하였다.

④ 포드는 자신의 경영이념을 실천하기 위해서는 경영합리화에 의해서만 달성이 가능하다고 주장을 하면서 경영합리화의 구체적인 방법으로 생산의 표준화와 이동조립법의 실시를 언급하고 있다.

 포드시스템은 테일러의 과학적 관리론보다 진화된 것이지만, 이 2가지 방식은 모두 시간연구와 동작연구를 기반으로 하고 있다. 하지만, 이 2가지 방식은 이념에 있어 뚜렷한 차이를 나타내고 있다. 테일러는 저임금에 의한 이윤추구를 동시에 종업원과 경영자가 서로 대립각을 세우는 관계라고 말하는 반면에, 포드는 자신의 경영이념을 사회에 봉사하는 것으로 기준을 정하고, 이러한 경영이념을 달성하기 위해 경영의 지표로서 저가격, 고노무비(Low Price, High Pay)를 주 내용으로 삼았다.

6 다음 중 복리후생비의 성격으로 옳지 않은 것은?

① 구성원의 생활수준을 안정시키는 기능

② 용도의 무한성

③ 기대소득이라는 성격

④ 필요성의 원칙에 의해 지급

 복리후생비의 성격
　ㄱ 구성원의 생활수준을 안정시키는 기능
　ㄴ 기대소득이라는 성격
　ㄷ 필요성의 원칙에 의해 지급
　ㄹ 집단적 보상의 성격
　ㅁ 용도의 제한성
　ㅂ 다양한 형태로 지급
　ㅅ 복리후생의 급부는 신분기준에 의해 운영

7 아래의 내용은 직무분석에 활용되는 기초적인 개념을 설명한 것이다. 이 중 설명이 바르지 않은 사항은?

- (ㄱ 과업) – 기업 조직에서 독립된 목적으로 수행되는 하나의 명확한 작업 활동이다.
- (ㄴ 직위) – 특정 개인이 아닌 전체 구성원에게 부여된 일부 과업의 집단을 의미한다.
- (ㄷ 직무) – 작업의 종류 및 수준이 비슷한 직위들의 집단이다.
- (ㄹ 직군) – 비슷한 종업원의 특성을 요구하거나 또는 비슷한 과업을 포함하고 있는 두 가지 이상 직무의 집단이다.

① ㄱ
② ㄴ
③ ㄷ
④ ㄹ

 직위는 특정 개인에게 부여된 모든 과업의 집단을 의미하며, 특정 시점에서 특정 조직의 한 개인이 수행하는 하나 또는 그 이상의 의무로 구성된다. 다시 말해 여러 가지 과업들을 모으게 되면 한 사람 이상의 작업자들이 필요로 하게 되는데, 결국 이 한 사람에게 할당되어진 작업의 집단을 직위라고 한다.

Answer 4.① 5.① 6.② 7.②

8 다음 중 인적자원관리 개념 모형의 과정을 순서대로 바르게 나열한 것은?

① 확보→보상→활용→개발→유지 활동

② 확보→활용→개발→보상→유지 활동

③ 확보→개발→보상→활용→유지 활동

④ 확보→개발→활용→보상→유지 활동

> (Tip) 인적자원관리 개념 모형의 과정
> 확보→개발→활용→보상→유지 활동

9 다음 중 적용직무에 대한 제한은 없으나, 이에 따른 면접자의 노련미가 요구되며, 피면접자가 정보제공을 기피할 수 있다는 문제점이 생길 수 있는 직무분석의 방법은?

① Work Sampling Method

② Questionnaire

③ Interview Method

④ Critical Incidents Method

> (Tip) 면접법(Interview Method)은 해당 직무를 수행하는 종업원과 직무분석자가 서로 대면해서 직무정보를 취득하는 방법이다.

10 다음 중 인사고과의 기능으로 보기 가장 어려운 것은?

① 업적향상을 위한 자료가 된다.

② 인재상 정립을 위한 자료가 된다.

③ 능력개발을 위한 자료가 된다.

④ 일방적인 급여차등을 하기 위한 자료가 된다.

> (Tip) 조직에서의 인사고과는 종업원들의 공정한 처우결정을 위한 자료가 된다.

11 다음 중 평가센터법에 대한 내용으로 가장 옳지 않은 것은?

① 피고과자의 재능을 표출하는데 있어 동등한 기회를 가진다.

② 비용 및 효익의 측면에서 그 경제성이 의문시된다.

③ 현대의 기업에서 경영자의 배출이 중요한 이슈로 등장하게 됨에 따라 이는 주로 중간 관리층의 능력 평가를 위해서 실시하는 기법이다.

④ 피고과자 집단을 구성해서 평가가 이루어지며, 보통 평가자는 1인으로 이루어진다.

 피고과자 집단을 구성해서 평가가 이루어지며, 보통 평가자도 다수로 이루어진다.

12 다음 중 마코브 체인법에 대한 내용으로 바르지 않은 것은?

① 미래 어떤 시점에서의 해당 기업 내 구성원의 이동에 관한 예측을 하는데 유용한 기법이다.

② 고정된 전이 행렬이 전제되어야 하고 각각의 직무 및 상황 등에 50명 정도 있을 때 유효한 기법이다.

③ 개념적으로 정적인 요인을 고려하지 못한다.

④ 적용이 용이하다.

(Tip) 개념적으로 동적인 요인을 고려하지 못한다.

13 다음은 관리층에 대한 교육훈련으로 관리자의 의사결정을 제고시키기 위해 개발된 것으로 참가자들에게 가상의 기업에 대한 정보를 제공한 후에 이들에게 특정한 경영상황에서 문제 해결을 위한 의사결정을 하게 하는 것을 무엇이라고 하는가?

① 비즈니스 게임   ② 인바스켓 훈련

③ 역할 연기법   ④ 행동 모델법

(Tip) 인바스켓 훈련은 특정한 경영상황에서 문제해결을 위한 의사결정을 하게 하는 것으로 참가자들에게 흥미를 불러일으킨다는 장점이 있는 반면에 훈련에 대한 효과를 측정하는데 있어 어려움이 있다.

Answer➝ 8.④   9.③   10.④   11.④   12.③   13.②

14 다음 중 행동모델법에 대한 설명으로 가장 거리가 먼 것은?

① 관리자 및 일반 구성원에게 어떤 상황에 대한 가장 이상적인 행동을 제시하고 교육 참가자가 이 행동을 이해하고 그대로 모방하게 하는 것을 의미한다.
② 행동모델법을 배울 수 있는 인간관계관련 행동의 수가 제한적이다.
③ 기업실무에서의 시행착오를 줄여주는 역할을 수행한다.
④ 기법의 개발에 있어 비용이 적게 든다.

 기법의 개발에 있어 많은 비용이 든다.

15 기입 조직의 구성원이 어느 일정한 연령에 이르게 되면 당시의 연봉을 기준으로 해서 임금을 줄여나가는 대신에 반대급부로 지속적인 근무를 할 수 있도록 해 주는 제도를 일컫는 말은?

① 카페테리아 제도
② 임금피크제도
③ 법정 외 복리후생
④ 최저임금제도

 임금피크제도(Salary Peak System)는 기업 조직의 구성원들이 일정 정도의 연령에 이르게 되면 해당 구성원들의 생산성에 의해 임금을 지급하는 제도를 말한다.

16 다음 이직의 기능 중 부정적인 측면의 효과로 보기 어려운 것은?

① 이동 및 승진의 기회 감소
② 유능한 인재의 상실로 인한 경쟁력의 약화
③ 이직비용의 발생
④ 조직의 불안정

 이직의 기능(부정적 효과)
ⓒ 유능한 인재의 상실로 인한 경쟁력의 약화
ⓒ 조직 내 기존 사회적관계의 훼손
ⓒ 이직비용의 발생
ⓒ 조직의 불안정
ⓒ 직장생활에서의 불확실성 증가
ⓒ 신규 인력이 확보되는 기간 동안의 업무량 증가

17 다음 직무평가의 방법 중 요소비교법에 관한 설명으로 옳지 않은 것은?

① 기업 조직 내에서 가장 기준이 되는 기준직무를 선정하고, 그 다음으로 평가자가 평가하고자 하는 직무에 대한 평가요소를 기준직무의 평가요소와 비교해서 그 직무의 상대적 가치를 결정하는 방식이다.

② 평가결과가 임금액으로 나타나므로 임금결정에 있어 공정성의 확보가 가능하다.

③ 기준직무의 내용이 변경될 시에는 평가척도의 전체를 변경시켜야 하는 번거로움이 발생하게 된다.

④ 활용 방법이 단순하여 전체 종업원들의 이해가 용이하다.

 요소비교법은 기업 조직에서 가장 중심이 되는 직위, 대표 직위를 선정해서 대표 직위의 보수액을 평가 요소별로 배분해 제시한 후에, 이러한 보수액의 차이를 직무의 상대적 가치를 나타내는 등급으로 해서 결정하는 기법이며, 직위의 상대적 수준을 현재의 임금액과 연관시켜 평가하므로 활용 방법에 있어서 복잡하고 각 종업원들의 이해가 어렵다는 문제점이 있다.

18 다음 중 관료제 조직관에 대한 내용으로 바르지 않은 것은?

① 사적인 요구 및 관심이 조직 활동과는 완전하게 분리된다.

② 선발 및 승진결정에 있어서 기술적인 자질, 능력, 업적 등에 근거한다.

③ 관료제 조직관은 작업상의 유동성을 보장한다.

④ 개인적인 특성, 기호 등이 개입되지 않도록 동일한 제재 및 강제력을 적용한다.

 관료제 조직관은 각 사람들의 직무를 명백한 과업으로 세분화한다.

19 다음 중 조직에서 개인의 목표 및 조직의 목표가 조화되도록 하는 인적자원관리제도를 무엇이라고 하는가?

① 경력관리　　　　　　　　　② 경력교육

③ 경력개발　　　　　　　　　④ 경력계획

 경력관리는 조직의 입장에서 경력경로 및 경력요건 등을 설정해 주고, 개인은 자신의 성찰 속에서 가장 적합한 경로를 선택하고 자신의 경력목표 달성을 위해서 부단히 능력개발을 시도하는 것을 말한다.

Answer ⟶ 14.④　15.②　16.①　17.④　18.③　19.①

20 다음 중 MBO의 성공요건으로 바르지 않은 것은?

① 타 관리기능과의 상호통합적인 운영이 필요하다.
② 중간 관리층의 지원과 솔선수범이 요구된다.
③ MBO는 구성원의 태도, 행태의 개선을 지향하는 조직발전의 노력이 선행적 혹은 동시적으로 추진되어야만 효과가 있다.
④ 조직내외 여건의 안정성이 필수적이다.

 최고관리층의 지원과 솔선수범이 요구된다.

21 다음의 기사를 읽고 문맥 상 괄호 안에 들어갈 말로 가장 적절한 것을 고르면?

> 현대기아차는 '기업 경쟁력의 원천은 사람'이라는 원칙을 기본으로 세계 초일류 자동차 기업으로 도약하기 위한 인재육성 전략을 실천해 나가고 있다. 특히 전통적인 스펙의 틀을 벗어나 신개념 채용 방식을 선보이며 차별화된 역량과 가능성을 가진 인재들을 선발하기 위해 다양한 시도를 하고 있다. 현대차 그룹의 인재상은 열린 마음과 신뢰를 바탕으로 새로운 가치를 창조하고, 지속적인 혁신과 창조를 바탕으로 새로운 가능성을 열어가는 사람이다. 현대차그룹은 우수 인재 양성에 집중한다. 이를 위해 자율적 직무순환 제도 인재 육성 및 경쟁력 강화를 위한 대표적인 프로그램으로 경력 개발 프로그램을 활용한다. 이는 직원이 자신의 경력개발 목표와 계획에 따라 타 부서로 이동을 신청할 경우, 조직 운영 계획과 직원 개인의 니즈 등 종합적 검토를 통해 이를 적극적으로 지원하는 제도다. 이 제도가 시행된 이후 매년 2000~3000여명의 직원들이 프로그램에 지원하고 있고 매년 부서를 이동하는 직원 수도 증가하고 있다. 부서 이동이 자유롭게 되면 부문 간 소통이 활성화되어 업무 효율이 향상된다. 이러한 자율적 (   )은/는 임직원 역량 향상에도 기여하고 있다. 우수인재 순환 근무 프로그램도 실시한다. 이 프로그램의 목적은 순환 근무를 통해 해외법인의 성과를 향상시키고 글로벌 경영체제를 확립하는 데 있다. 2013년에는 상·하반기 두 차례 실시했다. 현대차그룹 측은 "이 프로그램은 본사와 해외법인 간 커뮤니케이션을 활성화할 뿐 아니라 해외 법인의 우수 인재들에게 동기를 부여하고 자긍심을 함양하는 계기가 되고 있다"고 설명했다.

① 연공주의제도
② 직무순환제도
③ 직무평가제도
④ 직무설계제도

 직무순환제도는 능력개발에 주목적을 두고 행해지는 수평적 이동형태이다. 이것은 기능이나 작업조건, 책임 및 권한 등이 현재까지 담당했던 직무와는 성격상 다른 직무로의 이동을 뜻한다.

22 다음 그림에 대한 설명으로 가장 적절하지 않은 것은?

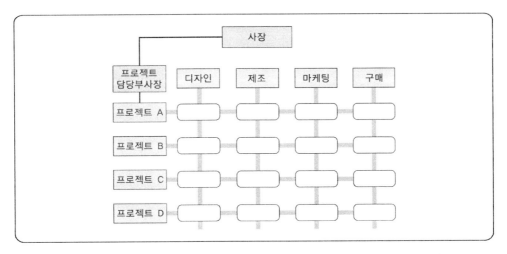

① 경영활동을 직능부문으로 전문화시키면서 전문화된 부문들을 프로젝트로 통합시킬 단위를 갖기 위한 조직적 요구에 부응하고자 만들어진 조직이다.

② 조직을 가로와 세로로 연결한 형태로 가로축은 직능, 세로축은 사업부로 구분하고 있다.

③ 전사적 차원에서의 일괄적 관리가 불가능하다.

④ 두 상사 간의 지시에 모순이 있으면 지시를 받은 사원은 일을 제대로 진행할 수 없다는 문제점이 있다.

> (Tip) 매트릭스 조직에 대한 내용이다. 매트릭스 조직은 전사적 차원에서의 일괄적 관리가 가능하다.

Answer↪ 20.② 21.② 22.③

23 아래의 그림은 네트워크 조직을 도식화한 것이다. 다음 중 이에 대한 설명으로 가장 옳지 않은 것을 고르면?

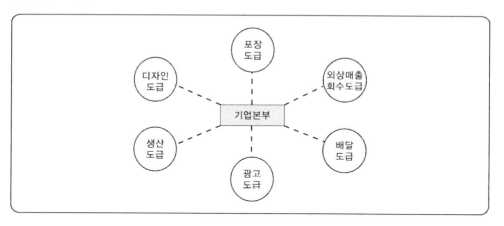

① 조직 활동을 상대적 비교 우위가 있는 한정된 부문에만 국한시키고, 나머지 활동 분야는 아웃소싱하거나 전략적 제휴 등을 통해 외부 전문가에게 맡기는 조직이다.

② 계층이 거의 없고, 조직 간의 벽이 없다.

③ 고도로 집권화되어 있는 형태를 지닌다.

④ 상호 영향력과 의사소통을 극대화하는 통합된 체계로서 급변하는 조직 환경에 의해 발생하는 상황에 대해 효율적이며 적절한 대응이 가능한 형태의 조직이다.

Tip 네트워크 조직은 고도로 분권화되어 있다.

24 다음 그림은 유기적 조직에 대한 것이다. 이에 관련한 내용으로 바르지 않은 것을 고르면?

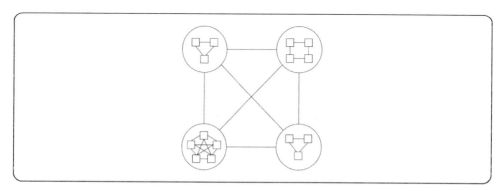

① 사원들은 상사와 부하의 관계라기보다는 동료관계에 있다.

② 업무수행 방법이 정해져 있고 자유재량권이 적다.

③ 의사결정이 분권화되어 있다.

④ 업무가 고정되어 있지 않고 여러 업무를 유동적으로 수행한다.

Tip 유기적 조직은 업무수행 방법이 정해져 있지 않고 자유재량권이 많은 조직이다.

25 다음 중 이익분배제에 대한 설명으로 바르지 않은 것은?

① 기업과 구성원 간 협동정신을 고취, 강화시켜서 노사 간의 관계개선에 도움을 준다.

② 구성원은 자신의 이윤에 대한 배당을 높이기 위해 작업에 집중하여 능률증진을 기할 수 있다.

③ 구성원은 이익배당 참여권 및 분배율을 근속년수와 연관시킴으로써, 종업원들의 장기근속을 유도할 수 없다.

④ 회계정보를 적당히 처리함으로써, 기업 조직의 결과를 자의적으로 조정할 수 있으므로 신뢰성이 낮아진다.

Tip 이익분배제는 노사 간의 계약에 의한 기본임금 이 외에 기업 조직의 각 영업기마다 결산이윤의 일부를 종업원들에게 부가적으로 지급하는 제도로써, 종업원은 이익배당 참여권 및 분배율을 근속년수와 연관시킴으로써, 종업원들의 장기근속을 유도할 수 있다.

PLUS tip

이익분배제의 효과 및 제약사항

제약사항	효과
• 구성원은 자신의 이윤에 대한 배당을 높이기 위해 작업에 집중하여 능률증진을 기할 수 있다. • 구성원은 이익배당 참여권 및 분배율을 근속년수와 연관시킴으로써, 종업원들의 장기근속을 유도할 수 있다. • 기업과 종업원간의 협동정신을 고취, 강화시켜서 노사 간의 관계개선에 도움을 준다.	• 이익분배는 결산기에 가서 확정되는 관계로 구성원들의 작업능률에 대한 자극이 감소될 수 있다. • 회계정보를 적당히 처리함으로써, 기업 조직의 결과를 자의적으로 조정할 수 있으므로 신뢰성이 낮아진다.

Answer → 23.③ 24.② 25.③

26 다음의 기사를 읽고 문맥 상 괄호 안에 공통적으로 들어갈 말로 가장 적절한 것을 고르시오.

> 60세 정년 의무화를 앞두고 SBS 등 일부 언론사들이 정년연장과 (   ) 도입을 위한 노사협상을 진행하고 있다. 회사는 정년연장에 따른 인건비 부담을 줄이기 위해, 노조는 고용안정을 보장받기 위해서인데 일각에서는 이 제도가 구성원들의 부담만 가중하는 쪽으로 진행될 우려가 크다고 지적한다. SBS는 지난 1월 노사합의를 통해 방송사 중 가장 먼저 이 제도의 도입을 결정했다. 현재 만 58세가 정년인 SBS는 연장되는 2년의 임금비용 부담을 회사와 직원이 나눈다는 계획이다. 사측은 지난해 55세부터 5년간 5%를 정률 삭감해 직원과 회사가 각각 30%, 70%를 부담하는 안을 제시한 바 있다. 그러나 지난달 설명회에서 사측이 새로운 안을 제시하면서 직원 부담이 34%로 늘어나 조합원들의 우려가 커지고 있는 상황이다. 채수현 SBS 노조위원장은 "60세 정년이 법으로 보장됐음에도 임금을 깎겠다는 것은 연령차별이자 사실상의 구조조정"이라고 말했다. 그럼에도 (   )을/를 수용하는 것에 대해서는 "고용의 안정성을 보장받기 위한 것"이라고 답했다. SBS 노조는 지난해 이 제도의 도입 조건으로 '신입사원 연봉제'를 3년간 유예시켰다. 신규 인력의 안정적 확보와 임금삭감, 인위적 구조조정 우려를 불식시키기 위한 결정이었다는 설명이다.

① Salary Peak System
② Wage Structure
③ Profit Sharing Plan
④ Sliding Scale Wage Plan

 임금피크제도(Salary Peak System)는 기업 조직의 종업원이 일정한 나이가 지나면 생산성에 따라 임금을 지급하는 제도로 현실적으로는 나이가 들어 생산성이 내려가면서 임금을 낮추는 제도이다.

27 다음 중 성격이 다른 하나를 고르면?

① 고용보험　　　　　　　　② 휴게실 운영
③ 산업재해보험　　　　　　④ 국민연금보험

 ①·③·④번은 법정 복리후생제도에 속하며, ②번은 법정 외 복리후생제도에 속한다.

28 다음 중 직무설계 시의 고려요인으로 보기 어려운 것은?

① 조직의 구조적 특성

② 리더의 행위

③ 비용의 기준

④ 개인적 특징

 직무설계 시의 고려요인
ㄱ 조직의 구조적 특성
ㄴ 리더의 행위
ㄷ 기술
ㄹ 개인적 특징

29 다음 중 목표에 의한 관리 (MBO)에 대한 내용으로 가장 옳지 않은 것은?

① 업무에 있어서의 성질 및 특성으로 인해 계량적 또는 개별적인 목표설정이 어려운 과업에 대해서는 도입하기가 용이하다.

② 현실적이면서, 달성 가능한 목표이어야 한다.

③ 관리자층의 관심 및 지원, 변화하는 경영환경에 따른 교육으로 집단저항을 줄여야 한다.

④ 목표에 의한 관리가 제대로 수행되어질 수 있게끔 조직을 분권화 하는 등의 조직시스템의 재정비가 뒤따라야 한다.

업무에 있어서의 성질 및 특성으로 인해 계량적 또는 개별적인 목표설정이 어려운 과업에 대해서는 도입하기가 힘들다.

Answer﹏→ 26.① 27.② 28.③ 29.①

30 다음 중 근대적 조직관에 대한 설명으로 가장 옳지 않은 것은?

① 최적의 과업분화

② 자율규제시스템에 의한 외부통제, 참여방식

③ 구성원들의 목적 및 사회의 목적 또한 중요함

④ 기계와 보완되는 것으로서의 인간, 개발이 가능한 자원으로서의 인간관을 지님

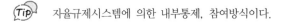 자율규제시스템에 의한 내부통제, 참여방식이다.

31 다음 중 사회인 모델의 가정으로 바르지 않은 것은?

① 종업원들의 대인관계에 있어 스스로의 자아에 의미를 부여하는 중요한 요소가 된다.

② 기업 조직의 종업원들은 자신들의 사회적 욕구가 충족되어지는 범위 안에서 경영층의 활동을 반응을 한다.

③ 조직에서 유인제도 또는 통제보다는 동료집단과의 관계 등이 종업원들에게 훨씬 더 커다란 영향을 미친다.

④ 조직의 구성원들은 경제적 유인에 의해 동기화된다.

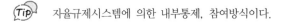 ④번은 경제인 모델의 가정에 대한 설명이다.

32 다음 인간에 대한 모델에서 사회인 모델의 가정으로 옳은 것은?

① 종업원들은 기업 조직에 의해 조작됨과 동시에 통제되는 수동적인 존재이다.

② 조직의 종업원들은 경제적 유인에 의해 동기화된다.

③ 종업원들의 감정은 비합리적이므로 통제되어야 하며, 더불어 통제될 수 있는 방향으로 설계되어야 한다.

④ 종업원들의 사회적인 욕구는 인간행동에 있어 가장 기본적인 동기요소이다.

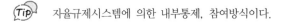 ①②③은 경제인 모델의 가정이며, ④는 사회인 모델의 가정에 해당한다.

33 다음 중 경제인 모델에 대한 내용 및 가정에 대한 설명으로 보기 어려운 것은?

① 구성원들의 감정은 비합리적이므로 통제되어야 하며, 더불어 통제될 수 있는 방향으로 설계되어야 한다.

② 경제인 모델에서 사람은 자기 스스로의 이익을 최소화하기 위해 행동한다고 보는 관점을 말한다.

③ 경제인 모델은 인간은 이윤극대화 및 비용 최소화의 목적을 달성하기 위한 합리적인 의사결정을 하는 인간의 측면을 의미한다.

④ 조직의 구성원들은 경제적 유인에 의해 동기화된다.

 경제인 모델에서 사람은 자기 스스로의 이익을 최대화하기 위해 행동한다고 보는 관점을 말한다.

34 다음 중 기업에서 종업원이 노동조합에 가입하지 않을 것과, 또는 노동조합에서 탈퇴할 것을 고용조건으로 해서 노동자가 사용자와 개별적으로 맺는 근로계약을 무엇이라고 하는가?

① 유니언 숍   ② 오픈 숍

③ 황견계약   ④ 클로즈드 숍

Tip) 황견계약은 결국에 이는 부당노동행위로 간주되어지는데, 종업원의 단결권, 단체교섭권 및 단체행동권을 침해하는 것이라 할 수 있다.

35 다음 인사관리의 연구접근법에 대한 내용 중 과정 접근법에 대한 설명으로 바르지 않은 것은?

① 인사관리를 처음 시작부터 끝까지 물이 흐르는 것처럼 자연적인 순서에 의해서 구성하는 방법이다.

② 인력의 확보에서부터 이직에 이르는 일련의 과정에 대해서 관리하는 것이다.

③ 피고스(P. Pigors)와 마이어스(C. A. Myers), 데슬러(G. Dessler)가 대표적이다.

④ 플리포 (E. B. Flippo)는 인사관리를 관리기능과 업무기능으로 설명하였다.

Tip) ③번은 시스템 접근법에 대한 설명이다.

Answer → 30.② 31.④ 32.④ 33.② 34.③ 35.③

36 다음 중 근로생활의 질(QWL)의 내용으로 바르지 않은 것은?

① 직장생활과 사생활의 조화

② 작업조직에서의 경제적 결합

③ 안전하고 건전한 작업환경

④ 적절하고 공정한 보상

 근로생활의 질(QWL)의 내용
㉠ 인간능력의 활용과 계발의 기회
㉡ 작업조직의 제도화
㉢ 작업조직에서의 사회적 결합
㉣ 안전하고 건전한 작업환경
㉤ 직장생활과 사생활의 조화
㉥ 직장생활의 사회적 적합성 제고
㉦ 성장과 안정을 위한 미래계획
㉧ 적절하고 공정한 보상

37 다음 그림의 조직에 대한 설명으로 가장 바르지 않은 것은?

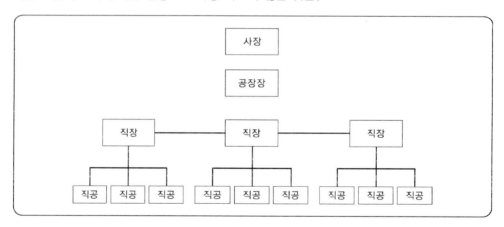

① 명령 일원화의 원리가 확보된다.

② 권한이 상급자에게 집중되어 과대한 책임을 지게 되어 적정한 관리가 어렵다.

③ 부문 간의 횡적 연락이 불충분해서 유기적인 조정이 어렵다

④ 경영 활동의 통제가 어렵다.

 위 그림은 직계조직구조로써 경영 활동의 통제가 용이하다.

38 다음 중 임금체계의 결정요인에 해당하지 않는 것은?

① 담당직무기준 ② 필요기준

③ 능력기준 ④ 비용기준

 임금체계의 결정요인
㉠ 담당직무기준
㉡ 필요기준
㉢ 능력기준
㉣ 성과기준

39 아래 그림에서 나타난 조직에 대한 설명으로 가장 옳지 않은 것을 고르면?

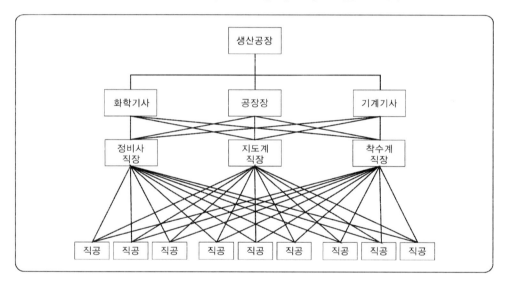

① 각 관리자가 기능적으로 전문화하여 일을 분담한다.

② 문제가 일어났을 경우에 조정이 어렵다.

③ 명령에 대한 일관성이 높다.

④ 관리자의 양성이 비교적 용이하다.

 위 그림은 기능조직구조로서 명령에 대한 일관성이 없다.

40 다음 중 델파이 기법에 대한 설명으로 바르지 않은 것은?

① 풍부한 경험과 지식을 가진 기업 내부의 전문가들로 구성된 집단이 일련의 과정을 거치면서 교육훈련의 필요성을 파악한다.

② 시간이 적게 걸린다.

③ 창의적이고 유용한 정보의 창출이 용이하다.

④ 서면으로 의견을 주고받기 때문에 집단 내 갈등이 표출되지 않는다.

(Tip) 델파이 기법은 시간이 많이 걸린다.

41 다음 중 우리나라 무점포 소매상의 현황에 관한 설명 중 가장 옳지 않은 것을 고르면?

① 우편판매는 여러 강점이 있지만, 인터넷 쇼핑몰 등에 밀려 매출이 감소하고 있다.

② 최근 스마트폰의 발달로 다양한 상거래 모형이 개발되고 있으며, 소셜 커머스가 빠르게 성장하고 있다.

③ 방문판매는 무점포 소매상 중에서 가장 오래된 형태로 화장품 및 학습지 시장에서 지속되고 있다.

④ 텔레마케팅에서 인바운드 콜이 아웃바운드 콜에 비해 거래성사율이 높고, 보다 마케팅 지향적이다.

(Tip) 아웃바운드 콜은 텔레마케터가 직접 고객들에게 제품정보를 제공하고 주문을 유도하거나 또는 자동화된 텔레마케팅 시스템을 이용하여 주문을 유도하는 방식이다. 그러므로 고객이 전화를 하도록 유도하는 인바운드 콜 보다 거래성사율이 높고, 보다 마케팅 지향적이라고 할 수 있다.

42 다음 기사의 내용을 읽고 문맥상 괄호 안에 들어갈 말로 가장 적절한 것을 고르면?

> 안도현 시인이 쓴 연탄재 함부로 차지마라는 시에는 자신을 태워서 뜨근한 아랫목을 만들고, 자신의 목숨을 다하여 하얗게 남겨진 연탄재의 역할을 보며 나 자신은 어떠한 생각과 삶을 살아가고 있는지를 되돌아보게 한다. 연탄재조차 누군가를 위해 뜨겁게 살아가다 하얗게 변화되어가는 능동적이고 긍정적인 삶을 살다간다. (   )을 보면, 사람은 하위욕구로서 생리욕구와 안전에의 욕구가 해결되면 상위욕구로서 사람들과의 관계를 통해서 나의 존재를 확인받고 더 나아가 자신의 자아실현을 궁극적으로 꿈꾼다고 한다. 우리는 동사형의 삶을 살기 위해서, 상위욕구를 가진 인간으로서 사람답게 살기위해서 어떤 삶을 매일 인지하고 살아가야 하는 것일까? 그 삶을 실천하기 위해서 무엇이 근본적으로 가장 필요한 것일까? 바로 예의범절을 잊지 않는 것이다. 어린 시절부터 우리는 예의범절을 배우며 자라난다. 예의는 서로에게 함부로 하지 않는 존경의 뜻을, 범절은 세상을 살아가면서 때와 장소에 맞게끔 행동하는 것 을 의미한다. 전 세계가 하나로 묶여서 문화를 공유하는 요즘에는 이것을 서양식으로 표현하자면 예의는 타인에 대한 올바른 마음을 담고 있는 매너라면 범절은 그 매너를 사회적 약속과 형식으로 풀어내는 에티켓이다. 간단히 말하자면 사회가 정한 규칙을 지켜서, 서로 민망하게 얼굴 붉힐 일을 만들지 말자는 사회적인 약속인 것이다. 그런데 서로 얼굴을 볼 일이 없는 사이버 공간에서는 어떠할까? 인터넷을 하는 모든 사람은 네티즌이라는 시민으로 살아간다. 실시간 검색이라는 말처럼 사람들은 끊임없이 인터넷에 접속하여 매슬로우의 욕구이론의 근거한 집단에 속한 자신으로서, 자아실현을 하는 자신으로서 살아가고 있다. 그런데 타인에 대한 예의범절을 잊어버리고 일탈되어서, 댓글을 본 당사자의 마음을 배려하지 않고 적거나, 평소의 나라면 차마 입에 담지 못할 말을 글로 적거나 욱하는 심정으로 직설적인 표현의 글을 적는다면 그 위력은 살뿐만 아니라 뼈까지 잘라내는 위력을 가진 흉기가 되어 버린다. 게다가 상대가 반론조차 쉽게 할 수 있는 상황이 아니라면 일방적으로 폭주하는 모양새가 되어버린다. 그래서 흉기가 된 악플에 대한 처벌법까지 만들어지고 강화되어 가고 있다. 존경받으며 동사형의 삶을 살아가는 것에는 다양한 방법이 있지만 손쉽고 누구든지 언제라도 실천 할 수 있는 방법이 바로 선플을 달아주는 것이다. 배고플 때의 따뜻한 밥 한 공기, 실수나 잘못으로 움츠려져 있을 때의 괜찮다는 한 마디, 손이 빨개질 만큼 추울 때 내밀어진 따스한 온기가 있는 누군가의 손을 잡았을 때 마음은 선플을 보는 사람들의 마음이자 선플을 달아준 사람들의 예의범절이 깃든 마음이자 동사형의 펄떡펄떡 뛰어있는 삶이다.

① 허츠버그의 2요인 이론
② 매슬로우의 욕구단계 이론
③ 알더퍼의 ERG 이론
④ 브룸의 기대이론

 매슬로우의 욕구단계이론은 인간의 욕구는 위계적으로 조직되어 있으며 하위 단계의 욕구 충족이 상위 계층 욕구의 발현을 위한 조건이 된다는 매슬로우의 동기 이론이다.

Answer → 40.② 41.④ 42.②

43 다음 중 조직이 요구하는 일의 내용 또는 요건을 정리 및 분석하는 과정이라고 일컫는 말은?

① 직무교육   ② 직무분석

③ 직무만족   ④ 직무순환

 직무분석은 직무의 내용과 성격에 관한 모든 중요한 정보를 수집하고, 이들 정보를 관리목적에 적합하도록 정리하는 체계적 과정이다.

44 다음 중 인성적인 특질을 중시하는 전통적인 평가방법의 비판에 기초하여 피평가자의 실제 행동을 관찰하여 평가하는 방법을 무엇이라고 하는가?

① 다면평가제

② 인적평정센터법

③ 행위기준 고과법

④ 목표에 의한 관리

 행위기준 고과법은 직무성과에 초점을 맞추기 때문에 높은 타당성을 유지하며, 피고과자의 구체적인 행동 패턴을 평가 척도로 사용하므로 신뢰성 또한 높고, 고과자 및 피고과자 모두에게 성공적인 행동 패턴을 알려줌으로써, 조직의 성과향상을 위한 교육효과도 있어 수용성 또한 높은 편이다.

45 다음 중 테일러시스템에 관한 설명으로 옳지 않은 것은?

① 관리 대상이 전반적인 경영관리뿐만 아니라 공장관리 및 생산관리까지 포괄적으로 적용된다.

② 과업을 설정하는 과정에 객관성이 부족하다는 문제점이 있다.

③ 시간연구 및 동작연구가 과업 설정의 기초가 된다.

④ 차별성과급제를 도입하여 조직적인 태업을 사전에 예방한다.

 관리 대상이 전반적인 경영관리가 아닌 공장관리 및 생산관리에 국한되어 있다.

46 다음 중 조직이론의 변천 과정이 바르게 연결된 것은?

① 폐쇄–사회적 조직이론 → 개방–사회적 조직이론 → 폐쇄–합리적 조직이론 → 개방–합리적 조직이론

② 폐쇄–합리적 조직이론 → 개방–합리적 조직이론 → 폐쇄–사회적 조직이론 → 개방–사회적 조직이론

③ 폐쇄–사회적 조직이론 → 폐쇄–합리적 조직이론 → 개방–사회적 조직이론 → 개방–합리적 조직이론

④ 폐쇄–합리적 조직이론 → 폐쇄–사회적 조직이론 → 개방–합리적 조직이론 → 개방–사회적 조직이론

 조직이론의 변천 과정
폐쇄–합리적 조직이론 (1900~1930년대) → 폐쇄–사회적 조직이론 (1930~1960년대) → 개방–합리적 조직이론 (1960~1970년대) → 개방–사회적 조직이론(1970년대 이후)

47 다음 중 근대적 관리론자인 버나드의 주장으로 옳지 않은 것은?

① 조직을 인간의 협동적 노력의 결정체인 협동시스템으로 간주한다.
② 조직이 성립하기 위해서는 개인들의 공헌의욕과 개인들의 활동을 총괄할 수 있는 공통목적이 필요하다.
③ 인간을 합리적 경제인이 아닌 제한된 합리성을 지닌 관리인으로 바라본다.
④ 조직이 공헌의욕을 확보하기 위해서는 개인에게 확실한 유인을 제공하여야 한다.

 인간을 합리적 경제인이 아닌 제한된 합리성을 지닌 관리인으로 바라보는 것은 또 다른 근대적 관리론자인 사이먼의 주장이다.

Answer↳ 43.② 44.③ 45.① 46.④ 47.③

48 다음의 기사를 읽고 밑줄 친 부분에 대한 설명으로 가장 거리가 먼 것을 고르면?

> 인간에게 있어 노동은 단순히 생계를 유지하는 수단에 그치는 것이 아니다. 인간은 노동을 통해 자신의 개성을 표현하고, 소질과 적성을 일깨우며 삶의 목표를 달성한다. 또한 노동을 통해 사회 속에서의 자신의 위치와 역할을 확인하고 소속감과 사명감을 갖는다.
>
> 그럼에도 불구하고 기계화 분업화된 현대 사회의 노동 과정에서 노동자는 단순 업무를 반복할 뿐, 스스로의 가치와 잠재력을 실현할 수단을 제대로 갖기 어렵다. 즉 노동의 목적은 '삶에 필요한 물질적 기반의 충족'에 국한되며 노동은 곧 '고통'이 되는 것이다.
>
> 노동자는 자본가나 기업가의 필요에 따라 하나의 생산 수단처럼 고용되며, 각 업무에 필요한 만큼의 기술과 지식만을 쓰게 되어 노동을 통한 자기 계발이 불가능해진다. 아담 스미스이 분업론을 현대 기업의 산업 현장에 본격적으로 적용하여 실천한 사람은 미국의 <u>테일러(F. W. Taylor)</u>였다. 그는 과학적 방법을 응용하여 기업의 노동 조직에서 발생하는 문제를 해결하고자 했다.
>
> 테일러의 과학적 관리론은 '통제'의 개념으로 대표된다. 노동자가 노동 과정을 장악하고 있는 상태에서의 기존의 일반적인 통제는 조직적 태만과 비능률적인 작업 관행을 유발한다. 따라서 관리자는 작업 양식을 비롯한 공정의 모든 단계를 통제함으로써 노동 과정을 실질적으로 통제해야 한다는 것이다. 우선, 구상과 실행을 분리하여 구상만을 담당하는 관리 계층을 만듦으로써 노동자들에게 더 이상 두뇌 노동이 필요하지 않도록 한다. 그리고 관리자들은 노동자들의 작업과 동작, 도구 등을 연구하여 작업의 순서, 공정도, 표준 동작, 작업 기준을 표준화시키고 이에 따른 차등적 성과급을 도입하여 노동 과정을 통제해야 한다는 것이다. 이러한 테일러의 과학적 관리론은 '포디즘(Fordism)'이라 불리는 생산 체제에 의해 기술적으로 실현되었다. 미국의 포드 자동차의 설립자인 헨리 포드(Henry Ford)는 수직·위계적인 조직 구조, 노동의 구상과 실행의 분리, 직무의 세분화를 통해 노동 과정을 통제했다. 뿐만 아니라 호환성 있는 부품 및 컨베이어 벨트라는 이동 조립 라인을 사용함으로써 미숙련 노동자를 대거 투입할 수 있는 생산 시스템을 구축했다. 이는 대량 생산과 대량 소비에 의존하는 생산 체계의 틀이 완성된 것을 의미한다.

① 구성원들의 하루 작업량을 과학적으로 하기 위해서 시간연구 및 동작연구를 수행하였다.

② 구성원 개개인의 감정 및 태도를 결정하는 것은 사회적 환경, 개인적 환경이나 종업원이 속한 비공식적조직의 힘 등이다.

③ 종업원들에 대한 임금도 작업량을 달성한 사람에게는 높은 임금을 주고, 그렇지 못한 사람에게는 낮은 임금을 적용하는 등의 능률증진을 꾀하였다.

④ 공장의 조직을 기존의 군대식에서 직능식으로 바꾸고, 직장제도를 끌어들여 종업원들과 운영자가 서로의 직책에 따라 업무하여 일을 하고, 협력할 수 있게 하였다.

(Tip) ②번은 인간 관계론에 대한 설명이다.

49 다음 중 행위기준고과법(BARS)에 대한 내용으로 바르지 않은 것을 고르면?

① 평정척도법의 결점을 시정 및 보완하기 위해 개발된 것이고, 동시에 중요사실 서술법이 발전된 형태로서 직무와 관련된 피고과자의 구체적인 행동을 평가의 기준으로 삼는 고과 방법이다.

② 복잡성과 정교함으로 인해 소규모 기업의 경우에는 적용이 어려워 실용성이 낮은 편이다.

③ 다양하면서도 구체적인 직무에 활용이 불가능하다.

④ 각 직능별 및 직급별 특성에 맞추어져 설계되기 때문에, 올바른 행위에 대한 내용들을 구 성원 개인에게 제시가 가능하다.

> (Tip) 다양하면서도 구체적인 직무에 활용이 가능하다.

50 다음의 내용을 읽고 밑줄 친 부분을 가장 잘 표현한 것으로 옳은 것을 고르면?

> 경영비법을 담고 있다는 경영 서적이 불티나게 팔리면서 장기간 베스트셀러 목록에 오르기도 한다. 스위스 국제경영개발원(IMD) 필 로젠츠바이크 교수가 쓴 '헤일로 이펙트' 는 바로 이런 세태에 경종을 울리는 책이다. 미국 유력 기업의 경영자와 하버드경영대학 원 교수 등 경영 실무와 이론을 두루 경험한 저자는 새로운 성공 비법을 찾아냈다고 주 장하는 경영 대가나 컨설턴트, 유명 기업인의 말에 현혹되지 말라고 충고한다. 성공을 약속하는 단순한 공식이나 간편한 해결책을 기대하는 것은 마치 나이키 운동화만 신으 면 누구나 마이클 조던처럼 농구공을 다룰 수 있다고 믿는 것과 다를 바 없다는 것이다.
> 경영비법이라는 것도 이런 식일 경우가 많다. 성공사례나 실패사례를 통해 진정한 교훈 을 얻기 더욱 어렵게 만드는 게 이른바 <u>후광효과(Halo Effect)</u>다. 성공한 기업의 리더에 대해서는 항상 좋은 점을 찾고, 실패한 기업은 똑같은 요소가 비난의 대상이 되기 일쑤다.

① 종업원에 대한 근무성적평정 등에 있어서 평정 결과의 분포가 우수한 쪽으로 집중되는 경향을 보이는 것이다.

② 인사고과의 결과가 고과 상에서 중간으로 나타나기 쉬운 경향을 보이는 것이다.

③ 어떤 한 부분에 있어 어떠한 사람에 대해서 호의적인 태도 등이 다른 부분에 있어서도 그 사람에 대한 평가에 영향을 주는 것이다.

④ 고과자는 타 고과자와 달리 좋은 고과를 하거나 또는 이와는 정반대의 고과를 나타내는 경우를 보이는 것이다.

> (Tip) 현혹효과(후광효과)는 고과에 있어 피평가자들에 대한 전체적인 인상 등에 의해 구체적인 성과 차원에 대한 평가가 영향을 받게 되거나, 또는 고과에 있어 평가자가 평가 차원 등을 구별하지 않으려는 경향에 의해 발생하는 것을 의미한다. ① 관대화 경향, ② 중심화 경향, ④ 규칙적 오류를 각각 설명한 것이다.

Answer → 48.② 49.③ 50.③

51 다음의 기사를 읽고 밑줄 친 부분에 관련한 설명으로 가장 거리가 먼 것을 고르면?

> 국토교통부는 21일 올해 해외건설 <u>현장훈련(OJT : On the Job Training)</u> 지원 사업을 통해 선발한 중소·중견건설업체 신규 채용인력 300명을 해외건설현장에 파견한다고 밝혔다. 이러한 지원 사업은 우수인력 확보가 어려운 중소·중견 건설사의 해외진출 지원 및 국내 실업난 해소를 위해 신규 채용인력의 해외현장 훈련비 일부를 지원하는 사업이다. 심의를 통해 선정된 업체는 왕복항공료를 포함한 파견비와 월 훈련비 80만 원 등 1인당 최대 연 1140만 원 내외의 금액을 지원받게 된다. 특히 올해부터는 업체당 지원인원 한도를 10명에서 15명으로 늘리고 파견비에서 여행자보험료만 지원하던 것을 해외근로자 재해보상보험 등 파견과 관련된 모든 보험료로 확대했다. 신청을 희망하는 업체는 해외건설협회 인력센터에 방문 또는 우편으로 신청서를 접수하면 되고, 모집기간은 21일부터 모집 완료시까지다. 앞서 2012년부터 실시된 이 사업을 통해 중소·중견기업 101개사에서 총 641여명을 신규 채용하여 63개국 171개 해외건설 현장으로 파견됐다. 이를 통해 중견·중소기업의 원활한 해외공사 수행 지원, 현장맞춤형 신규인력 양성 및 국내 고용률 증대 등 다양한 측면에서 효과를 거둔 바 있다. 국토부 해외건설정책과 관계자는 "앞으로 연 3700명의 해외건설 전문 인력 추가 수요가 예상된다"며 "해외 전문 인력양성 규모를 확대하고 2015년 개교 예정인 해외건설·플랜트 마이스터고를 통해 우수인재를 발굴·육성하는 등 중소·중견 건설업체에 다각적인 인력 지원을 추진할 계획"이라고 밝혔다.

① 각 구성원의 습득 및 능력에 맞춰 훈련할 수 있다
② 교육훈련의 내용 및 수준에 있어서 통일시키기 어렵다.
③ 실행 면에서도 OFF JT보다 훨씬 용이하다.
④ 많은 수의 구성원들의 교육이 가능하다.

(Tip) ④번은 OFF JT에 대한 설명이다.

52 다음 법정 외 복리후생제도 중 경제시설에 속하지 않는 것은?

① 금융시설 : 자체육영대금, 주택대금 등
② 급식시설 : 식료품 배급, 식당 등
③ 기타 : 내직알선, 예식장 등의 설비 등
④ 구매시설 : 소비조합, 매점 등

(Tip) ②번은 법정 외 복리후생제도 중 생활시설에 속하는 내용이다.

53 다음 중 벤치마킹에 관한 설명으로 옳은 것은?

① 벤치마킹의 대상기업은 동종업계에서 찾는 것이 바람직하다.
② 기업의 재무구조나 기업부문 등을 변화시켜 비교우위에 있는 사업에 집중적으로 투자한다.
③ 기업의 환경변화에 대응하기 위해 발전 가능성이 있는 방향으로 사업구조를 변화시킨다.
④ 주로 자신보다 우위에 있는 기업과 비교하여 차이를 분석한다.

 ① 동종업계 여부와 관계없이 해당 기업이 최상을 대표하는 기업이라면 벤치마킹 대상기업
이 될 수 있다.
②③ 리스트럭처링에 관한 설명이다.

54 다음 중 노동조합의 숍 제도에 관한 설명으로 옳지 않은 것은?

① 클로즈드숍은 노동조합원만 고용이 가능하다.
② 유니온 숍은 채용된 비조합원이 일정기간 이내에 노조가입을 의무적으로 해야 한다.
③ 유니온 숍은 사용자가 비조합원을 채용하는 것이 가능하다.
④ 체크오프시스템은 조합원의 1/2 이상 동의가 있으면 급여를 계산할 때 회사에서 일괄적
으로 조합비를 공제한다.

 체크오프시스템은 조합원의 2/3 이상 동의가 있으면 급여를 계산할 때 회사에서 일괄적으
로 조합비를 공제한다.

55 다음 중 인간관계관리론에 관한 설명으로 옳지 않은 것은?

① 하버드대학의 메요 교수가 중심이 되어 일련의 실험을 통해 성립된 이론이다.
② 리더십 이론과 동기부여이론을 중심으로 계승되어 확장되었다.
③ 생산성 향상을 위해서는 직무설계와 동기뿐만 아니라 사람의 감정, 태도, 사회적 관계 등
다양한 것들이 중요하다고 주장한다.
④ 전통적 관리론에서 경시되어 온 비공식적 조직의 존재와 기능을 밝혀냈다.

 인간관계관리론의 연구와 이론을 계승하고 발전한 것이 행동과학이론이며, 이러한 행동과
학이론은 리더십이론과 동기부여이론을 중심으로 계승되어 확장되었다.

Answer ⇢ 51.④ 52.② 53.④ 54.④ 55.②

56 다음 중 기업윤리를 제고하는 방안으로 옳지 않은 것은?

① 최고경영자의 도덕성과 경영철학이 전제되어야 한다.
② 외부인사가 아닌 기업 내부인사를 이사회에 참여시킴으로써 기업의 윤리의식을 높일 수 있다.
③ 종업원 평가 시 윤리적 항목에 대한 비중을 높인다.
④ 기업윤리규정을 제정하여 지속적으로 해당 내용을 교육시킨다.

> **Tip** 사외이사제도나 공익대표이사제도 등 외부의 객관적인 인사를 이사회에 참여시키는 제도를 통하여 기업의 윤리의식을 높일 수 있다.

57 아래 그림은 직무명세서를 나타낸 것이다. 이를 참조하여 잘못 설명한 내용을 고르면?

직무명세서

■ 작성자 정보

성별		소속	
작성자		직책	
이메일		근무지	
전화/팩스		주소	

■ 직무명세 정보

직군 및 직렬	
직무	
직무 개요	
고용 형태	정규/파트타임/계약직/기타 중 택일하여 기록
현직무 개시일	0000년 00월 00일(xx년 xx개월)
보고서	작성자가 직무에 대하여 보고를 해야하는 상급자를 기록
월요 교육요건	
필요 자격요건	
업무 및 책임	

① 직무분석의 결과를 토대로 특정한 목적의 관리절차를 구체화하는 데 있어 편리하도록 정리하는 것을 말한다.
② 직무수행에 필요한 종업원들의 행동이나 기능, 능력, 지식 등을 일정한 양식에 기록한 문서를 의미한다.
③ 직무명세서는 특히 인적요건에 초점을 둔다.
④ 직무의 목적과 표준성과를 제시해줌으로써 직무에서 기대되는 결과와 직무수행 방법을 간단하게 설명해준다.

> **Tip** ④는 직무기술서에 대한 설명이다.

06 재무관리

1 다음 중 재무관리의 기능으로 가장 거리가 먼 것은?

① 배당결정의 기능
② 투자결정의 기능
③ 유동성관리의 기능
④ 가격관리의 기능

 재무관리의 기능
㉠ 배당결정의 기능
㉡ 투자결정의 기능
㉢ 유동성관리의 기능
㉣ 자본조달결정의 기능
㉤ 재무 분석 및 계획기능

2 적대적 기업인수합병에 대응하기 위해서 기존 보통주 1주에 대해 저렴한 가격으로 한 개 또는 다수의 신주를 매입하거나 전환할 수 있는 권리를 부여하는 방어적 수단은?

① 포이즌 필
② 황금주제도
③ 차등의결권제도
④ 의무공개매수제도

 ① 포이즌 필에 대한 설명으로 이것 말고도 임금인상 등을 통해 비용지출을 늘려 M&A 시 손해를 볼 수 있다는 신호를 발송하는 것이 포함된다.

*Answer*ↄ 56.② 57.④ / 1.④ 2.①

3 다음의 기사를 읽고 밑줄 친 부분에 대한 설명으로 가장 옳지 않은 것을 고르면?

> 사우디아라비아의 최대 국영은행인 내셔널커머셜뱅크(NCB)가 19일 <u>기업공개</u>를 시작했다. NCB는 이번 IPO에서 주당 공모가 45 리얄(12 달러)에 일반주 5억 주를 청약 받는다. 공모가 성공한다면 NCB의 공모총액은 60억 달러가 된다. 이 같은 규모는 올해 전세계 주식시장에 상장된 기업 중 중국 전자상거래 업체 알리바바(250억 달러)에 이어 두 번째고 중동 증시 상장사 중엔 최대다. 그간 중동 증시에 상장된 기업 중 IPO 규모가 가장 컸던 곳은 아랍에미리트(UAE) 두바이의 항만 운영사 DP월드(50억 달러·2007년)였다. 청약기간은 이날부터 다음달 2일까지며 사우디의 개인투자자에겐 3억주가 배정됐다. 이 은행은 사우디 정부가 소유한 12개 국내 은행 중 가장 늦게 상장하는 곳으로 지난해 말 기준 자산규모가 3,770억 리얄(1,005억 달러)이었다. 이번 상장을 두고 일부 원로 신학자들은 NCB가 이슬람교에서 금지하는 이자 수익을 대규모로 내 운영되는 곳이라며 반대 의견을 공개적으로 내기도 했다. 사우디 원로신학자위원회의 셰이크 압둘라 알무트라크는 지난주 한 방송 인터뷰에서 "NCB는 이슬람의 교리를 어기는 거래를 너무 많이 한다"며 "IPO를 허가해선 안 된다"고 비판했다. 다른 원로 신학자인 셰이크 압델 알칼바니도 트위터에 "NCB 공모주에 청약하는 사람은 믿음이 없다는 말을 들을 것이다. 이슬람은행인 알라즈히는 상장했지만 '턱수염'이 있고 NCB는 그렇지 않다"는 글을 올렸다. NCB 측은 이런 비판에 대해 개의치 않는다는 입장을 냈다. 사우디는 내년 초 시가총액 5,500억 달러 규모의 자국 주식시장을 외국 투자자에 개방할 계획이다.

① 주주들로부터 직접금융방식에 의해 대규모의 장기자본을 용이하게 조달할 수 있다.
② 공개 후 증권거래소 상장 시에 경영활동 결과를 공시하고 이를 평가받아 경영합리화를 기할 수 있으며, 소유 및 경영의 분리가 가능하다.
③ 투자자들에게 재산운용수단을 제공하며, 공개기업 종업원의 사기를 진작시킬 수 있다.
④ 독점 및 소유 집중 현상의 개선이 불가능하다.

 일정조건을 지닌 기업 조직이 새로운 주식을 발행해서 일반투자자에게 균등한 조건으로 공모하거나 또는 이미 발행되어 소수의 대주주가 소유하고 있는 주식을 일부 매각해서 다수의 주주에게 주식이 널리 분산하도록 하는 것을 기업공개라 하는데, 이 경우에는 독점 및 소유 집중 현상의 개선이 가능하다.

4 다음 중 증권시장선(SML)을 구하는 계산식으로 옳은 것은?

① 무위험이자율＋(요구수익률-시장포트폴리오 기대수익률)×시장포트폴리오 베타

② 무위험이자율＋(시장포트폴리오 기대수익률-요구수익률)×시장포트폴리오 위험프리미엄

③ 요구수익률＋(시장포트폴리오 기대수익률-무위험위자율)×시장포트폴리오 베타

④ 요구수익률＋(무위험이자율-시장포트폴리오 기대수익률)×시장포트폴리오 위험프리미엄

 증권시장선(SML)=요구수익률＋(시장포트폴리오 기대수익률-무위험위자율)×시장포트폴리오 베타

5 1958년 모딜리아니와 밀러가 자본구조 무관계론을 발표하면서 본격적 발전을 시작한 MM의 자본구조이론의 가정으로 적절하지 않은 것은?

① 기업은 모든 자본을 부채와 보통주 자기자본만으로 조달, 부채는 영구부채이다.

② 순이익은 전액 주주에게 배당으로 지급한다.

③ 기업은 총자본규모의 변화 없이 자본구조를 변경시킬 수 없다.

④ 자본시장은 완전자본시장이다.

 ③ 기업은 총자본규모의 변화 없이 자본구조를 변경시킬 수 있다.

6 다음의 내용을 읽고 밑줄 친 부분에 관련한 설명으로 가장 바르지 않은 것을 고르면?

> 대전시가 추진하고 있는 대전도시철도 2호선의 사업경제성이 낮아 원점에서 전면 재검토해야 한다는 지적이 국정감사에서 제기됐다. 국회 안전행정위원회의 대전시에 대한 국정감사가 16일 오후 대전시청에서 열린 가운데, 새 정치 민주연합 노웅래 의원은 "대전도시철도 2호선 사업은 3번에 걸쳐 타당성 조사를 실시했지만, 3번 모두 경제성이 부족한 것으로 나타났다"며 "원점에서 전면 재검토하는 것이 타당하다"라고 주장했다. 노 의원이 공개한 자료에 따르면, 대전도시철도 2호선 사업은 2006년 예비타당성조사(KDI)를 고가−철륜식 경전철 방식으로 실시했으나 B/C(비용대비편익)가 0.732에 그쳤다. B/C가 1보다 커야 경제적으로 타당성이 있다는 뜻이다. 또한 2011년 고가−도시형 자기부상열차 방식으로 용역을 실시했으나 B/C가 0.935에 그쳤고, 2012년에도 고가−도시형 자기부상열차 방식으로 예비타당성조사(KDI)를 실시했으나 역시 B/C가 0.91에 그쳤다는 것.
> 노 의원은 대전도시철도 2호선은 이러한 경제적 타당성뿐만 아니라 세 번의 조사에서 모두 재무성도 없는 것으로 나타났다고 지적했다. 2006년 조사에서는 NPV(순현재가치)가 −2,961억 원으로, 2011년 조사에서는 NPV −896억 원으로, 2012년 조사에서는 −9,387억 원으로 나타났다. NPV가 0보다 작으면 투자 시 자산 가치 순감소가 발생한다는 뜻이다. 특히, 2012년 예비타당성 분석보고서에 따르면, '2호선 건설에도 불구하고 1·2호선 전체에 운영적자폭이 커질 가능성이 있고, 이 경우 재정 부담이 가중될 가능성도 배제하기 어려운 것으로 판단된다'고 하여 2호선 건설로서 대전시의 재정 부담이 가중될 것이라고 우려를 표하고 있다는 것. 노 의원은 "3번의 타당성조사에서 경제성이 없는 것으로 나타났다, 그런데 전임시장이 건설방식을 바꾸어서 예비타당성조사를 통과했다"며 "여론조사에 있어서도 억지로 짜 맞춘 것 아니냐는 의혹이 있다"고 지적했다. 노 의원은 이어 "경제성이 부족한 사업을 건설방식까지 바꿔가며 추진하는 것은 무리가 있다"며 "이 사업을 원점에서 전면 재검토할 필요가 있다"고 지적했다.

① NPV는 비용을 고려하지 않는 현재가치이다.
② 투자안의 위험도에 상응하는 적정 할인율을 활용해서 계산한 현금유입 현가에서 현금유출 현가를 제한 것을 말한다.
③ NPV는 투자에서 프로젝트에 추가하는 값에 초점을 맞추게 된다.
④ NPV는 프로젝트 기간에서 다양한 간격으로 수입과 비용의 합계와 차액으로 계산된다.

(Tip) NPV(Net Present Value ; 순현재가치)는 비용을 고려하는 현재가치이며, '+'일 경우에는 수익이 나는 사업이므로 투자할 가치가 있다.

7 아래의 기사를 참조하여 밑줄 친 부분에 대한 설명으로 가장 옳지 않은 것을 고르면?

> 신제윤 금융위원장이 "<u>선물거래</u> 증거금에 대한 증권사의 신용공여를 허용하는 방안을 검토 하겠다"고 말했습니다. 이종걸 새 정치 민주연합 의원은 "사설 업체들의 불법 선물 계좌 대여가 횡행하고 있고 일부 회사들은 웹사이트 광고까지 하는 등 금융실명제법 위반 사항에 대해 규제가 이뤄지고 있다"고 지적 했습니다. 또 "증권사의 선물거래 증거금에 대한 신용공여 허용도 형평성 차원에서 검토가 필요하다"고 덧붙였습니다. 신 위원장은 이에 대해 "현재 저축은행의 경우 선물 거래에 대한 증거금 대출이 허용돼 있으나 향후 증권사에 대해서도 허용하는 방안을 고민 중"이라고 덧붙였습니다. 한편 펀드의 사후 등록을 위한 제도개선이 미뤄져 자산운용사들이 부동산펀드 관련 막대한 세금을 내게 된 것에 대해서는 "현재 안전행정부와 협의 중이며 단기간에 해결이 어려운 사안으로 시일이 걸릴 것"이라고 답변했습니다.

① 매매쌍방 간 미래 일정시점에 약정된 제품을 기존에 정한 가격에 일정수량을 매매하기로 계약을 하고, 이러한 계약의 만기 이전에 반대매매를 수행하거나 또는 만기일에 현물을 실제로 인수 및 인도함으로써 그러한 계약을 수행하는 것을 말한다.
② 선물이 거래되어지는 공인 상설시장을 선물시장 또는 제품거래소라고 한다.
③ 주로 공인되어지지 않은 거래소에서 이루어지며 현시점에 합의된 가격으로 미래에 상품을 인수, 인도한다.
④ 선물계약을 매도하는 것은 해당 제품을 인도할 의무를 지는 것이다.

 선물거래는 공인된 거래소에서 이루어지게 되면 현 시점에 합의된 가격으로 미래에 제품을 인수, 인도하게 된다.

8 다음 재무비율의 종류 중 레버리지 비율에 해당하는 것을 고르면?

① 유동비율 ② 총자산회전율
③ 자기자본순이익률 ④ 고정재무비 보상비율

 레버리지 비율에는 부채비율, 이자보상비율, 고정재무비보상비율 등이 있으며, ①번은 유동성 비율, ②번은 활동성 비율. ③번은 수익성 비율에 각각 해당한다.

Answer ↳ 6.① 7.③ 8.④

9 다음 중 IFRS 도입에 따른 공정가치 평가에 관한 설명으로 옳지 않은 것은?

① 원가법과 공정 가치에 의한 재평가법 중 선택이 가능하다.

② 이론적인 공정가치의 산출을 위해 많은 판단과 추정이 요구된다.

③ IFRS 적용으로 일부 건설사들의 매출과 이익이 감소하여 실적과 기업 가치에 좋지 않은 영향을 미칠 수 있다.

④ 건설부문이 공정가치 평가에서 가장 많은 영향을 받을 것으로 예상된다.

> **Tip** IFRS 도입으로 인해 유형 자산, 투자부동산, 리스 등 금융상품을 인식하는 방법 자체가 바뀌게 되어 금융부문이 가장 큰 영향을 받을 것으로 예상된다.

10 다음 아래 그림에 대한 설명들 중 가장 옳지 않은 것을 고르면?

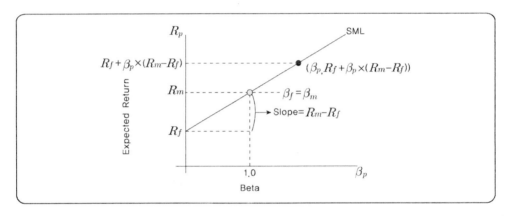

① 어떠한 증권에도 적용이 가능하다는 특징이 있다.

② 증권시장이 균형을 이루어 자본시장선이 성립할 시에 비효율적인 투자대상까지도 포함한 모든 투자자산의 기대수익 및 리스크의 관계를 설명해주는 것이다.

③ 베타가 1일 때 기대수익률은 시장 기대수익률과 동일하다.

④ 증권을 오로지 비체계적 위험에 대해서만 기초하여 평가한다.

> **Tip** 증권시장선(Security Market Line ; SML)을 나타낸 것이다. 증권시장선에서는 증권을 오로지 체계적 위험에 대해서만 기초하여 평가한다.

11 매년 영구적으로 동일하게 3,000원의 배당을 지급하는 A회사의 주식이 있다. 이 때 요구수익률이 20%일 때 해당 주식의 내재가치를 구하면?

① 12,000원   ② 13,000원

③ 14,000원   ④ 15,000원

 $V_0 = \dfrac{D}{k}$ 에 의해 $\dfrac{3,000}{0.2} = 15,000$원이 된다.

12 다음 중 대리인문제 완화방안 및 제도적 장치에 대한 설명으로 바르지 않은 것은?

① 주주총회에서 이사회의 구성원을 선출함으로써 경영자들을 간접적으로 통제

② 경영자 인력시장에서의 경쟁

③ 경영자들의 짧은 재임기간으로 인하 단기적인 이익 추구

④ 기업인수 등을 통한 경영자의 교체압력

Tip ③번은 의사결정권한의 위임에 대한 내용이다.

13 다음 중 정상적 PER(Price-Earnings Ratio ; PER)를 구하는 방법에 해당하지 않는 것은?

① 동종 산업의 평균 PER를 활용하는 방법

② 배당평가모형을 활용하는 방법

③ 동일한 리스크를 지닌 기업의 PER를 이용하는 방법

④ 보수적인 회계처리에 의한 방법

Tip 정상적 PER를 구하는 방법
㉠ 배당평가모형을 활용하는 방법
㉡ 동종 산업의 평균 PER를 활용하는 방법
㉢ 해당 기업의 과거평균 PER를 활용하는 방법
㉣ 동일한 리스크를 지닌 기업의 PER를 이용하는 방법

Answer → 9.④ 10.④ 11.④ 12.③ 13.④

14 다음 중 평균회계이익률법에 관한 사항으로 가장 바르지 않은 것은?

① 적절한 목표 평균회계이익률의 설정이 어렵다.
② 화폐의 시간적 가치를 인정하고 있다.
③ 예산의 편성 시 작성될 회계자료를 바로 활용할 수 있다는 점에서 실무에서는 많이 사용되고 있다.
④ 현금흐름이 아닌 회계적 이익을 이용한다.

(Tip) 평균회계이익률법에서는 화폐의 시간적 가치를 무시하고 있다.

15 다음 중 연결이 잘못된 것을 고르면?

① 유동성 비율 : 유동비율, 당좌비율 등
② 시장가치비율 : 고정재무보상비율, 재고자산회전율 등
③ 활동성 비율 : 매출채권회전율, 총자산회전율 등
④ 레버리지 비율 : 부채비율, 이자보상비율 등

(Tip) 시장가치비율에는 주당이익, 주당배당, 주가수익비율, 주가 대 장부가치비율 등이 있다.

16 다음 중 선물의 개념에 관한 설명으로 옳지 않은 것은?

① 선물은 현재 외환, 채권, 주식 등을 기초자산으로 하는 금융선물만 존재한다.
② 현물이 인도되어 선물계약의무가 이행되는 날을 선물만기일이라고 한다.
③ 선물가격은 기초자산의 현물가격에 연동해서 변화한다.
④ 현금결재방식은 선물가격과 선물만기일의 현물가격과의 차이만큼 정산하는 방식이다.

(Tip) 선물은 현재 외환, 채권, 주식 등을 기초자산으로 하는 금융선물 뿐만 아니라 곡물, 원유 등을 기초자산으로 하는 상품선물도 존재한다.

17 다음 보통주에 대한 설명으로 바르지 않은 것은?

① 주식회사가 출자의 증거로 주주에게 발행한 증권이다.

② 보통주에서의 주주는 해당 기업의 실질적인 주인으로서 상법 및 해당기업의 정관이 정한 권리와 의무의 주체가 된다.

③ 고정적인 재무비용이 발생된다.

④ 기업의 소유권 및 경영통제 등에 영향을 받을 수 있다.

 보통주는 고정적인 재무비용이 발생되지 않으며, 영구자본으로 기업의 안정적인 장기자금을 조달하는 수단이다.

18 아래의 내용을 바탕으로 A주식의 시장가격을 구하면?

- 주식A의 베타: 1.5
- 매년 말 배당금: 1,500원
- 시장포트폴리오 기대수익률: 15%
- 무위험이자율: 5%
- 현재 A주식의 시장수익률: 10%

① 10,000원

② 15,000원

③ 20,000원

④ 35,000원

 연말배당금이 매년 일정할 경우 주식의 시장가격은 연말배당금을 시장수익률로 나누어 계산할 수 있다. 따라서 1500 / 0.1 =15,000원이 현재의 시장가격이라고 할 수 있다.

19 다음 중 주식배당에 대한 설명으로 가장 옳지 않은 사항은?

① 현금배당 대신 주식을 추가로 발행하여 기존주주에게 무상으로 교부하는 것을 말한다.

② 미래의 현금배당을 감소시켜 기업의 유동성을 증가시킬 수 있다.

③ 기업의 미래 현금흐름 및 배당의 증가를 알려주기 위한 유리한 신호로 해석될 수 있다.

④ 투자자들에게 기업의 미래전망에 대한 좋은 뉴스를 전달해 주는 역할을 한다.

 미래의 현금배당을 증가시켜 기업 조직의 유동성을 감소시킬 수 있다.

20 다음 선도거래에 대한 내용으로 가장 거리가 먼 것은?

① 선도거래는 자율적인 규제방식을 따른다.

② 선도거래의 거래 장소는 장외시장이다.

③ 선도거래의 거래 상대는 직접적인 거래로 인해 알려진다.

④ 선도거래는 매일매일 가격이 변동된다.

 선도거래는 만기일까지 가격변동이 없다.

21 다음 중 선물시장에서의 경제적 기능에 해당하지 않는 것은?

① 가격변동위험의 관리

② 가격의 예시

③ 판촉의 효과

④ 시장효율성의 제고

 선물시장에서의 경제적 기능
ㄱ 시장효율성의 제고
ㄴ 가격변동위험의 관리
ㄷ 자본형성의 촉진
ㄹ 가격의 예시

22 다음 중 운용리스에 대한 설명으로 부적절한 것을 고르면?

① 계약기간은 비교적 단기이다.
② 유지관리에 대한 책임은 임대인에 있다.
③ 중도해지권은 인정한다.
④ 리스자산의 취득가액은 완전상환이다.

Tip 리스자산의 취득가액은 부분상환이다.

23 다음 중 콜옵션 가격을 결정하는 요인에 관한 설명으로 옳지 않은 것은?

① 행사가격이 낮을수록 콜옵션 가격은 상승한다.
② 현금배당이 늘어날수록 콜옵션 가격은 하락한다.
③ 주가변동성이 클수록 콜옵션 가격은 하락한다.
④ 무위험이자율이 상승할수록 콜옵션 가격은 상승한다.

Tip 주가변동성이 크면 주가가 상승할 때 그만큼 수익이 커지게 되므로 콜옵션 가격은 상승한다.

24 다음 중 합병에 대한 내용으로 가장 바르지 않은 것은?

① 신설 합병은 많은 수의 기업 조직들이 새로운 하나의 기업으로 결합되는 것을 뜻한다.
② 합병회사는 소멸회사의 권리 및 의무 등을 포괄적으로 계승하지 않아도 된다.
③ 수평적 합병은 동일한 업종에 있는 기업 조직끼리 합병하는 것을 뜻한다.
④ 수직적 합병은 원료공급 및 가공과 같은 계기적 생산단계에 있는 타 종류의 업종 사이에서 이루어지는 기업합병을 뜻한다.

Tip 합병회사는 소멸회사의 권리 및 의무 등을 포괄적으로 계승하지 않으면 안 된다.

Answer → 19.② 20.④ 21.③ 22.④ 23.③ 24.②

25 다음 시너지 효과의 원천에 대한 내용 중 비용절감에 의한 시너지 효과에 해당하지 않는 것을 고르면?

① 비효율적인 경영의 제거
② 시장 또는 독점적인 지배력
③ 규모의 경제
④ 자원의 상호보완

> (Tip) ②번은 수익증대에 의한 시너지 효과의 설명이다.

26 다음 중 재무계획의 단계로 바른 것을 고르면?

① 목표설정 → 조건예측 → 경제활동 방침 및 계획의 수립 → 지시 및 집행 → 평가
② 목표설정 → 지시 및 집행 → 조건예측 → 경제활동 방침 및 계획의 수립 → 평가
③ 목표설정 → 조건예측 → 지시 및 집행 → 경제활동 방침 및 계획의 수립 → 평가
④ 목표설정 → 경제활동 방침 및 계획의 수립 → 조건예측 → 지시 및 집행 → 평가

> (Tip) 재무계획의 단계
> 목표설정 → 조건예측 → 경제활동 방침 및 계획의 수립 → 지시 및 집행 → 평가

27 다음 현금흐름 추정 시 고려해야 하는 사항으로 바르지 않은 것은?

① 증분현금흐름을 반영시켜야 한다.
② 세금효과에 대해서는 고려해야 할 필요가 없다.
③ 인플레이션을 반영시켜야 한다.
④ 매몰원가, 기회비용 등에 대한 명확한 조정을 필요로 한다.

> (Tip) ② 세금효과를 고려해야 하며, 그 중에서도 감가상각 등의 비현금지출비용 등에 각별히 유의해야 한다.

28 다음 중 시장부가가치(MVA)에 관한 설명으로 옳지 않은 것은?

① 수익에 따른 위험의 감안과 화폐의 시간가치 개념을 충분히 반영하지 못할 수 있다.

② 미래에 예상되는 초과이익을 할인한 현재가치이다.

③ EVA의 단기적 속성이라는 한계를 보완해 줄 수 있는 지표이다.

④ 기업의 시장가치와 투하자본과의 차이를 의미한다.

 경제적 부가가치(EVA)에 관한 설명이다.

29 다음 중 VAR를 이용하여 위험을 관리할 때 유용한 점으로 옳지 않은 것은?

① 위험이 금액단위로 표시되어 재무위험을 적절히 통제하는데 효과적이다.

② 손실과 이익 모두를 위험으로 간주하지 않고 손실만 위험으로 간주한다.

③ 기업의 재무위험을 내부이해관계자에게 알리는 데 유용하다.

④ 다양한 금융시장에서의 위험을 서로 비교할 수 있는 공통적인 기준을 제공한다.

 기업의 재무위험을 외부이해관계자에게 알리는 데 유용하다.

Answer → 25.② 26.① 27.② 28.① 29.③

30 다음의 내용을 읽고 밑줄 친 부분을 가장 잘 표현한 것을 고르면?

> 인천시가 내년부터 인천지역 도시정비사업 구역 중 추진위원회 구성 단계에서 사업이 멈춘 7곳에 <u>매몰비용</u>을 지원할 계획이다. 유정복 인천시장의 공약인 매몰비용 지원이 실제 이뤄지는 것으로 향후 법 개정을 통한 조합단계 지원까지도 검토한다는 방침이다. 14일 시에 따르면 내년 예산안에 추진위 단계 도시정비사업구역 매몰비용 지원을 위해 44억 원을 편성할 계획이다. 지원대상은 7곳으로 잡아놨지만 구체적인 지원 대상 지역은 정해지지 않았다. 향후 종합적인 검토와 조사를 통해 우선순위를 정한다는 계획이다. 시 주거환경정책관 관계자는 "조례개정을 통해 매몰비용 지원 대상을 추진위 단계로 정하고 내년에 7곳을 우선 지원할 계획"이라며 "이자비용은 제외한 원금만을 지원하는 것"이라고 설명했다. 현재 인천지역에 추진위 단계 중 매몰비용 지원이 필요한 곳은 27곳으로 모두 172억 원의 매몰비용이 발생한 것으로 조사됐다. 시는 매몰비용 지원을 당초 계획인 개발기금이나 시유지 매각대금이 아닌 일반 예산으로 부담이 가능하다고 보고 있다. 그러나 보다 심각한 상황은 조합설립 이후 단계까지 진행된 도시정비사업 구역들이다. 현재 조합설립 단계 이상은 43곳으로 매몰비용만 685억 원으로 조사됐다. 계속 불어나고 있는 이자비용까지 합치면 주민들이 부담할 돈은 천문학적으로 늘어나게 된다.
>
> 현재 인천시를 비롯해 전국 광역 시·도는 정부를 상대로 조합 단계 매몰비용 지원을 요구하고 있다. 국회에도 관련법 개정안이 계류 중이다. 그러나 정부는 이 같은 내용에 미온적인 상태서 조합 단계 매몰비용 지원은 미지수다. 시 관계자는 "다른 도시들과 협력해 정부와 국회에 법 개정을 지속적으로 촉구하고 있다"며 "매몰비용 지원은 이로 인해 개발지연은 물론 각종 사회적문제가 발생하기 때문에 지방정부 차원에서 책임을 통감하며 지원하고자 하는 것"이라고 말했다.

① 현금이 직접 지출되지는 않지만 타 투자안을 선택함으로서 얻을 수 있는 이익을 포기하는 경우에 발생하는 비용이다.
② 이는 이미 발생된 비용이므로 투자안의 선택에 영향을 미칠 수 없다.
③ 미래에 생산적 서비스의 흐름을 산출하는 자본설비에 관한 비용이다.
④ 기업이 조달운용하고 있는 자본과 관련해서 부담하게 되는 비용이다.

 매몰 비용은 이미 매몰되어 버려서 다시 되돌릴 수 없는 비용, 즉 의사 결정을 하고 실행한 이후에 발생하는 비용 중 회수할 수 없는 비용을 말하며, 함몰 비용이라고도 한다.

31 자본조달결정 및 투자결정의 기초가 되는 자본비용에 대한 내용으로 적절하지 못한 것은?

① 자본비용(cost of capital)은 기업이 자본 사용의 대가로 자본제공자에게 지불해야 하는 비용을 말한다.

② 투자안의 기대수익률보다 자본비용이 더 클 경우 채택이 된다.

③ 자본비용은 자본조달결정과 투자결정을 연계하여 최적의 의사결정을 내리는 판단기준으로도 볼 수 있다.

④ 자본비용은 기업의 입장에서 새로운 투자안으로부터 벌어들여야 할 필수수익률로 볼 수 있지만 투자자 입장에서는 자본제공의 대가로 요구하는 최저요구수익률로도 볼 수 있다.

 ② 투자안의 기대수익률＞자본비용이라면 투자안이 채택되지만, 투자안의 기대수익률＜자본비용일 경우 기각될 가능성이 높다. 자본비용(cost of capital)이란 기업이 자본 사용의 대가로 자본제공자에게 지불해야 하는 비용을 가리킨다. 기업은 계속기업으로서 생존·성장을 위해 지속적 투자가 필요한데 이에 대한 투자자금은 자본조달을 통해 조달을 받게 된다 따라서 자본조달에는 자본비용이 발생하게 되는 것이다.

※ 자본비용
　　㉠ 개념 : 자본비용(Cost of Capital)은 현대 재무관리에 있어서 현금흐름과 더불어 빠지지 않는 핵심 요소 중의 하나이다. 이러한 자본비용은 이해관계자의 시점, 구체적인 기업과 투자안의 상황 등에 따라 다르게 산출될 수도 있고 따라서 최종적으로 기업의 가치와 직결되는 요소 중의 하나로서 매우 중요하다. 자본비용은 기업가치를 하락시키지 않기 위해서 신규투자로부터 얻어야 할 최소한의 수익률인 동시에 자본제공자에게 지급해야 할 최소한의 비용이다.
　　㉡ 종류

구분	내용
자본비용	투자결정과 자본조달결정 양자간의 의사결정의 기준으로서 거부율(cut-off rate)로 작용을 한다.
기업의 자본비용	통상 해당 기업의 가중평균자본비용을 사용한다.

32 다음 중 재무비율과 그 연결로써 바르지 않은 것을 고르면?

① 유동성 비율 – 당좌비율, 유동비율 등

② 레버리지 비율 – 이자보상비율, 부채비율, 고정재무비보상비율 등

③ 수익성 비율 – 총자산순이익률, 자기자본순이익률, 매출액순이익률 등

④ 활동성 비율 – 주당배당, 주당이익, 주가 대 장부가치비율, 주가수익비율 등

 ④ 활동성 비율 – 총자산회전율, 매출채권회전율, 재고자산회전율 등

Answer 30.② 31.② 32.④

33 화폐의 시간가치 가운데 현재와 미래의 환산기준이 되는 지표는?

① 인플레이션 공급율
② 재무관리율
③ 지급준비율
④ 시장이자율

 ④ 현재와 미래의 환산기준은 시장이자율(market interest rate)이 사용된다. 시장이자율은 시간이 다른 화폐의 상대적 가치를 나타내는 것으로서, 미래가치를 현재가치로 또는 현재가치를 미래가치로 평가하기 위한 기준이 된다.

※ **시장이자율**

시차선호와 위험정도가 감안되어 화폐의 시간가치를 반영한 척도로 화폐의 시장가치로 인해 발생하는 현재와 미래 사이의 소비와 재화 배분의 필수 지표라 할 수 있다. 시장이자율은 재무의사결정에 매우 유용한 지표로 투자안의 투자수익률, 투자가치 평가기준으로 활용된다.

34 자본시장에 대한 내용으로 틀린 것은?

① 증권시장은 자금을 유통시키는 시장이라는 점에서 금융시장의 한 범주로 해석된다.
② 금융시장에서는 주로 기업에 장기자본을 조달하는데 반하여 증권시장은 자본증권을 통하여 기업의 단기자금을 조달하는 역할을 한다.
③ 자본시장은 기업과 정부 등이 장기적으로 필요한 자금을 조달하는 시장이기도 하다.
④ 증권시장은 발행시장(1차 시장)과 유통시장(2차 시장)으로 구성되어 있다.

 주식, 채권 등 장기 금융상품이 거래되는 금융시장을 자본시장이라 할 수 있다. 자본시장은 주식, 채권 등 유가증권을 주축으로 거래가 이루어지는 직접금융시장으로서 정부, 지방자치단체, 혁신형 기업 등에 대한 자금공급기능을 수행하는 역할을 한다.

※ **증권시장(Securities Market)**

유가증권을 발행, 인수, 모집하는 단계의 '발행시장'과 일단 발행한 증권을 매매하는 단계인 '유통시장'으로 나눌 수 있다. 유통시장은 증권거래소와 같이 눈에 보이는 시장이지만, 발행시장은 거래가 이루어지기 전의 추상적인 개념의 시장이다.

구분	내용
발행시장	자금을 필요로 하는 수요자가 주식, 채권 등을 발행하여 자금을 조달하는 시장을 말한다. 발행시장은 자금을 조달하려는 기업이 발행하는 주식이 최초로 투자자에게 매도되는 시장을 말하는데, 이는 유통시장에서 주식의 자유로운 유통성이 보장될 때 활성화될 수 있다.
유통시장	발행시장에서 발행된 주식과 채권 등의 유가증권이 본격적으로 투자자 사이에 매매가 이루어지는 시장이다. 유통시장은 이미 발행된 증권이 투자자들 사이에서 매매되는 시장을 말하며, 이는 발행시장으로부터 증권의 공급이 원활하게 이루어지는 것을 전제로 하므로 발행시장과 유통시장은 상호보완적인 관계에 있다고 볼 수 있다.

35 다음 중 자본시장선(CML ; capital market line)에 관한 설명으로 적절하지 않은 항목은?

① 무위험자산이 존재하는 경우, 균형상태의 자본시장에서 효율적 포트폴리오의 기대수익과 위험의 선형(線型)관계를 나타내는 선을 말한다.

② 개별자산 또는 포트폴리오의 기대수익률을 도출해내는 모형으로, 체계적 위험의 지표인 베타에 비례하는 위험프리미엄을 측정하여 기대수익률을 이끌어 낸다.

③ 자본시장선은 해당 선상에 존재하지 않는 비효율적인 포트폴리오나 개별 자산들에 대해서는 이러한 위험과 수익률 사이의 상충관계를 설명하지 못한다는 한계가 있다.

④ 자본시장선 상의 포트폴리오는 체계적 위험만으로 이루어진다.

 Tip ② 증권시장선에 관한 설명이다.

36 다음 중 발행시장의 구성원이 아닌 것은?

㉠ 발행주체	㉡ 인수기관
㉢ 투자자	㉣ 증권거래소

① ㉠   ② ㉢

③ ㉣   ④ ㉡

Tip 발행시장은 자금의 수요자인 증권의 발행주체, 자금의 공급자(투자자) 및 증권발행시의 위험을 부담하고 사무절차를 주도함으로써 자금의 수요자와 공급자를 연결시켜 주는 역할을 하는 인수기관으로 구성된다. 증권거래소는 이미 발행된 유가증권이 투자자 서로 간에 매매 거래되는 유통시장의 거래소이다.

※ 발행주체

구분	내용
발행주체	발행시장에서 유가증권을 발행하여 자금을 조달하는 주체로서 주식회사, 국가 및 지방자치단체, 특별법인, 외국법인 등이 있다.
자금 공급자	발행시장에서 모집 또는 매출에 응하여 유가증권을 취득하여 발행주체에 자금을 공급하고 이것을 다시 다른 투자자에게 매각하는 자를 말한다.
인수기관	증권의 발행주체와 투자자 사이에서 증권과 자금이 적절하게 배분될 수 있도록 유가증권을 공모(모집 또는 매출)할 때 인수기능을 수행하는 기관을 말한다.

Answer ☞ 33.④   34.②   35.②   36.③

37 차익거래가격결정이론(APT ; Arbitrage Pricing Theory)에 관한 설명으로 가장 옳지 않은 것은?

① 1976년 Ross에 의해 개발된 자본자산의 결정이론이다.

② APT에서는 모든 시장 참여자들이 최적화를 하고 있다는 가정이 필요 없으며 자산의 수익률이 정규분포를 따를 필요도 없다.

③ 자산 또는 증권의 수익률은 여러 요인들의 선형함수로 표시할 수 없다.

④ 자본시장 균형이론의 중추적인 역할을 해온 CAPM(자본자산가격 결정이론)에 비해 보다 일반적인 모형이라는 점에서 그 중요성이 크게 인식되고 있다.

 ③ APT는 자산 또는 증권의 수익률은 여러 요인들의 선형함수로 표시할 수 있다.

38 다음이 가리키는 것은?

> 기업의 주가를 주당순이익으로 나눈 것으로 쉽게 말해 1주당 기업이 벌어들이는 이익에 대해 투자자들이 얼마의 가치를 부여하고 있는지 알 수 있는 지표이다. 현재의 주가가 주당순이익의 몇 배인가를 파악하여 수익성보다도 주가가 높게 평가되어 있는지 또는 낮게 평가되어 있는지를 판단하기 위함이다.

① 주가수익비율(PER)

② 엥겔계수

③ 리디노미네이션

④ 스파게티볼 효과

 표의 내용은 주가수익비율이다. 주가수익비율주가수익비율(PER ; Price Earnings Ratio)이란 기업의 주가를 주당순이익(EPS : Earnings Per Share)으로 나눈 것을 말한다.

$$주가수익비율(PER) = \frac{주가}{주당순이익}$$

39 파생상품의 종류가 아닌 것은?

① 옵션   ② 스왑
③ 선도   ④ 채권

 ④ 파생상품이란 그 가치가 기초상품의 가치로부터 파생되는 계약 또는 증권을 말한다. 대
표적인 종류로는 선도(Forward), 선물(Futures), 스왑(Swap), 옵션(Option) 등이 있다.

※ 파생상품의 구분

구분	내용
선도	선물거래와 상대되는 개념으로 미래 일정시점에 현물상품을 사거나 팔기로 합의한 거래로 선물거래와 달리 상품이 표준화되지 않고 결제이행 기관이 별도로 없는 계약이다.
선물	일정기간 후에 일정량의 특정상품을 미리 정한 가격에 사거나 팔기로 계약하는 거래 형태를 의미한다. 선물은 매매계약의 성립함과 동시에 상품의 인도와 대금지급이 이루어지는 현물거래에 대응되는 개념으로서 선도거래에 비해 결제이행을 보증하는 기관이 있고 상품이 표준화된 것이 차이점이라 할 수 있다.
스왑	교환의 의미를 가지고 있는 스왑거래는 두 당사자가 각기 지니고 있는 미래의 서로 다른 자금흐름을 일정기간 동안 서로 교환하기로 계약하는 거래를 의미한다. 이 때 교환되는 현금흐름의 종류 및 방식에 따라 크게 금리스왑(Interest Rate Swap)과 통화스왑(Cross Currency Swap)의 두 가지 유형으로 구분이 된다.
옵션	옵션은 특정한 자산을 미리 정해진 계약조건에 의해 사거나 팔 수 있는 권리를 가리킨다. 선물의 경우에는 계약조건에 의해 반드시 사거나 팔아야 하지만, 옵션은 옵션 매입자의 경우 사거나 팔 것을 선택할 수 있고, 매도자의 경우 매입자의 선택에 따라야 할 의무를 지며, 옵션 중에서 특정 자산을 살 수 있는 권리를 콜(Call)옵션, 팔 수 있는 권리를 풋(Put)옵션이라고 부른다.

Answer 37.③ 38.① 39.④

40 옵션에 대한 내용으로 잘못된 설명은?

① 옵션이란 미리 정한 가격으로 미래 일정시점에 상품을 인도하고 대금을 결제하기로 약속하는 거래를 말한다.

② 상승할 것으로 예상해서 미리 정한 가격에 살 권리를 콜 옵션(Call Option)이라 한다.

③ 하락할 것으로 예상해서 미리 정한 가격에 팔 권리를 풋 옵션(Put Option)이라 한다.

④ 콜옵션 매수자는 매도자에게 옵션가격인 프리미엄을 지불하는 대신 기본자산을 살 수 있는 권리를 소유하게 되고, 매도자는 프리미엄을 받는 대신 콜옵션 매수자가 기본자산을 매수하겠다는 권리행사를 할 경우 그 기본자산을 미리 정한 가격에 팔아야 할 의무를 진다.

 미리 정한 가격으로 미래 일정시점에 상품을 인도하고 대금을 결제하기로 약속하는 거래는 선물이다. 옵션거래는 가격이 상승할 것으로 예상 되면 미래시점에서 살 수 있는 권리를, 하락할 것으로 예상되면 팔 수 있는 권리를 사고파는 거래를 말한다. 상승할 것으로 예상해서 미리 정한 가격에 살 권리(Call Option)를 사두었는데 미래 약속한 시점에 가서 상품의 시장가격이 상승하지 않았다면 살 권리를 포기하면 되며, 그리고 하락할 것으로 예상해서 미리 정한 가격에 팔 권리(Put Option)를 사두었는데 미래 시점에 가서 시장가격이 하락하지 않았다면 팔 권리를 포기하는 방식이 바로 옵션이다.

※ 콜옵션과 풋옵션

구분	내용
콜옵션 (call option)	특정의 기본자산을 사전에 정한 가격으로 지정된 날짜 또는 그 이전에 매수할 수 있는 권리를 말한다. 콜옵션 매수자는 매도자에게 옵션가격인 프리미엄을 지불하는 대신 기본자산을 살 수 있는 권리를 소유하게 되고, 매도자는 프리미엄을 받는 대신 콜옵션 매수자가 기본자산을 매수하겠다는 권리행사를 할 경우 그 기본자산을 미리 정한 가격에 팔아야 할 의무를 가진다.
풋옵션 (put option)	특정의 기본자산을 사전에 정한 가격으로 지정된 날짜 또는 그 이전에 매도할 수 있는 권리를 말한다. 풋옵션 매수자는 매도자에게 사전에 정한 가격으로 일정시점에 기본자산을 매도할 권리를 소유하게 되는 대가로 옵션가격인 프리미엄을 지불하게 되고 풋옵션 매도자는 프리미엄을 받는 대신 풋옵션 매수자가 기본자산을 팔겠다는 권리행사를 할 경우 그 기본자산을 미리 정한 가격에 사줘야 할 의무를 진다.

41 선물거래의 특성을 모두 나열한 것은?

> ㉠ 현금결제　　　　　　　　㉡ 청산소
> ㉢ 증거금제도　　　　　　　　㉣ 최종결제제도
> ㉤ 일일정산제도

① ㉠

② ㉠, ㉡

③ ㉠, ㉢, ㉣

④ ㉠, ㉡, ㉢, ㉣, ㉤

 모두 다 선물 거래의 특성이다.

※ 선물 거래의 특성

구분	내용
청산소	선물거래는 불특정 다수가 참여하기 때문에 거래상대방의 신용을 파악 못한 상태에서 매매가 이루어진다. 따라서 선물거래의 참여자가 안심하고 매매하기 위해서는 모든 거래의 계약이행을 보증할 제3자가 필요한데 이 역할을 하는 기관이 청산소이다.
현금결제	대상자산이 지수(Index)로 되어있는 것과 같이 실물인도가 불가능한 품목에 대하여 채택하고 있는 최종결제 방법을 말한다. 계약을 체결한 당시의 가격과 최종결제일(만기일)의 정산가격의 차액만큼을 수수함으로써 결제는 이루어진다.
증거금제도	선물거래가 다른 거래와 구분되는 중요한 특징 중의 하나는 거래 상대방의 계약불이행으로부터 매입자와 매도자를 보호하기 위한 방법으로 운용하고 있는 증거금제도라고 할 수 있다. 증거금은 선물거래 개시 후 선물가격이 불리한 방향으로 움직일 경우에 거래 당사자가 선물계약을 이행하지 않을 수 있는 사태에 대비하기 위한 것으로서, 거래소는 각 거래자에게 계약이행보증금으로 선물시장의 안전장치라 할 수 있다.
최종결제제도	최종결제일(만기일)까지 청산되지 않은 선물포지션을 결제하는 방식으로 실물인수도(Physical Delivery)방식과 현금정산(Cash Settlement)방식이 있다.
일일정산제도	청산소는 당일 장이 끝난 후 종가를 기준으로 하여 매일의 정산가격을 발표를 한다. 이 가격을 기준으로 모든 거래 참여자들의 미결제약정에 대한 잠정이익과 손실을 정산하게 되는데 이러한 정산의 결과 증거금계정의 수준이 유지증거금 이하의 수준으로 하락하면 추가증거금을 납부해야 하며, 반대로 기본증거금을 초과하는 이익에 대해서는 현금인출이 가능하다.

Answer⤵ 40.① 41.④

42 다음 중 주식가치를 평가하는 데 활용되는 지표가 아닌 것은?

① CSR
② PER
③ PBR
④ TOBIN'S Q

 기업의 사회적 책임(CSR ; Corporate Social Responsibility) … 기업이 지속적으로 존속하기 위해 이윤추구 이외에 법령과 윤리를 준수하고 기업의 이해관계자의 요구에 적절히 대응함으로써 사회에 긍정적 영향을 미치는 책임 있는 활동을 의미하며 세계화의 진전 및 기업의 사회적 영향력이 커지면서 최근 급속도로 부각되고 있다. 또한 최근 국제사회를 중심으로 기업을 벗어나 사회를 구성하는 모든 조직에게 사회적 책임을 강조하는 국제표준이 정립되는 등 기업 외의 이해관계자인 개인, 시민단체, 노동조합, 비정부, 이익단체 등의 전향적인 사회적 책임을 강조하는 경향이 나타나고 있다.
② PER(주가수익률) : 수익을 중시하는 지표로 주가가 순이익의 몇 배인가를 나타낸다. 과거실적 기준이므로 미래주가의 예측에는 한계를 지닌다. 10 이하일 경우 저평가로 판단한다.
③ PBR(주가순자산비율) : 주가와 주당 자산을 비교하는 비율로 1주당 순자산가치의 가치지표이므로 주가의 적정성 여부를 판단하는 기준이 된다.
④ TOBIN'S q : 기업의 금융자산의 시장가격을 기업이 보유한 실물자산의 대체원가로 나눈 비율로, 토빈의 q비율(q-ratio)이라고도 한다.

43 다음에서 설명하고 있는 거래 중에서 나머지 세 개와 다른 종류는?

① 원·달러 환율이 상승할 것으로 예상한 수출업체가 선물환을 매입한다.
② 정유업체가 원유가격이 오를 것을 예상해 미리 원유 구매 계약을 한다.
③ 수출대금과 수입대금이 비슷한 업체는 이런 거래를 할 필요가 없다.
④ 파생상품에 투자하는 공격적인 펀드에 사용하는 용어이기도 하다.

 헤지(hedge) 거래에 관한 내용으로, 헤지 거래란 특정상품의 가격이 오르거나 하락할 것으로 예상될 때 특정상품의 가격을 미리 고정시켜 둠으로써 가격변동으로 인한 손실을 없애는 것을 말한다.

44 다음은 당기에 배당금의 선언이나 지급이 없었던 주식회사 서원각의 회계 자료이다. 주식회사 서원각의 당기순이익은 얼마인가?

> - 기초자산 800원
> - 기초자본 500원
> - 기중 유상증자 300원
> - 기말자산 900원
> - 기말자본 800원

① 0원 ② 100원
③ 200원 ④ 300원

 당기순이익 = {기말자본 − (기초자본 + 기중 유상증자)}
= 800원 − (500원 + 300원)
= 0원

45 공공사업의 타당성을 평가할 때에는 미래에 발생하는 비용 및 편익을 현재가치로 환산하여 비교·평가한다. 이때 적용하는 이자율을 할인율이라고 하는데 이 할인율에 대한 설명으로 옳지 않은 것은?

① 미래의 현금흐름(cash flow)을 현재가치로 환산할 때 적용하는 것을 할인율이라 한다.
② 할인율이 10%라면 1년 후의 10,000원은 현재가치로 10,000원/1.1로 계산하여 9090.9원이 된다.
③ 할인율이 높아질수록 총 비용의 현재가치는 낮아진다.
④ 민간사업보다 위험도가 낮은 공공사업의 경우 할인율이 높은 편이다.

 공공사업은 정부가 주도하므로 민간사업보다 위험도가 낮다. 따라서 할인율도 민간사업보다 낮다.

Answer → 42.① 43.② 44.① 45.④

46 다음은 채권시장에 대한 설명이다. 옳은 것은?

① 같은 채권일 경우 장기채보다 단기채는 금리가 낮다.

② 우리나라의 채권시장에서 가장 큰 비중을 차지하는 것은 회사채이다.

③ 주식과 마찬가지로 채권도 주로 한국거래소에서 주로 거래된다.

④ 대부분의 채권 투자자는 개인이다.

 ② 회사채는 상법상의 주식회사가 발행하는 채권으로 각 회사의 신용도에 따라 금리차이가 많이 발생하고 신용도에 따른 차이가 커서 신용도가 낮은 채권은 시장에서 유통이 곤란한 경우도 있다. 최근 유통 및 발행시장의 발전에 따라 우리나라의 채권시장에서 국채의 규모가 급격히 증가하고 있으며 향후에도 채권시장의 구조는 선진국과 같이 국채를 중심으로 발전할 것으로 예상된다.

③④ 채권은 주식과 달리 거래소가 아닌 장외시장에서 기관투자가들끼리 주로 거래되며 일반 투자자들은 금융회사를 통해 매입할 수도 있으며 규모가 작은 채권의 경우 증권사의 홈트레이딩시스템(HTS)을 통한 매매도 가능하다.

47 아래 제시문의 상황에서 가장 많은 투자손실을 본 투자자는 누구인가?

> 지난 11월 11일 이른바 **빼빼로** 데이(?)라고 불리는 그 날, 주식시장 마감이 임박했을 때 외국인들의 엄청난 매물 출회로 장이 폭락했다. 코스피 지수는 전일대비 무려 53.12 포인트가 빠진 1,914.73에 마감을 하였다.

① 콜옵션 매수자

② 콜옵션 매도자

③ 풋옵션 매수자

④ 풋옵션 매도자

 풋옵션이란 일정시점에서 일정가격으로 팔 수 있는 권리를 말하며 풋옵션 매도자의 경우는 풋옵션 매수자가 팔겠다는 권리를 행사할 경우 무조건 사줘야 할 의무가 있다. 따라서 주가 상승 시 옵션 가격만큼의 이익을 얻지만 주가가 하락하면 무한대의 손실을 볼 수 있다.

48 ⊙, ⓒ에 들어갈 용어로 바르게 연결된 것은?

> 재무제표는 기업 활동의 결과를 이해 관계자들에게 보고하기 위해 작성되는 보고서를 의미한다. 그 중에서 (⊙)은 기업의 재무상태를 나타내고 (ⓒ)은 기업의 영업실적을 보여주는 것으로 재무제표 중 가장 중요한 것이라고 할 수 있다.

	⊙	ⓒ
①	이익잉여금처분계산서	현금흐름표
②	이익잉여금처분계산서	손익계산서
③	현금흐름표	자본변동표
④	재무상태표	손익계산서

(Tip) ⊙은 재무상태표이고, ⓒ은 손익계산서이다.

※ 재무상태표와 손익계산서

구분	내용
재무상태표	• 일정시점의 기업의 재무상태를 나타내는 재무제표이다. • 자산, 부채, 자본에 관한 정보를 포함한다. • 기업의 재무상태를 보여준다. • 자산＝부채＋자본
손익계산서	• 일정기간의 기업의 재무상태를 나타내는 재무제표이다. • 비용, 이익, 수익에 관한 정보를 포함한다. • 기업의 영업실적을 보여준다. • 수익＝비용＋이익

49 다음 중 사채에 대한 내용으로 바르지 않은 것은?

① 주주와 동일하게 의결권의 행사가 가능하다.
② 저렴한 자본비용으로 기업지배권의 변동이 없이 자금 조달이 가능하다.
③ 투자자의 입장으로서는 유통시장에서 자유롭게 사채의 매매가 가능하다.
④ 일정기간 마다 확정이자소득이 가능한 안전 투자대상이다.

(Tip) 사채는 주주와는 달리 의결권의 행사가 불가능하다.

Answer ⟶ 46.① 47.④ 48.④ 49.①

50 다음 중 기업 조직의 재무구조 개선방안으로 옳지 않은 것은?

① 자기자본조달을 우대하는 방법 ② 기업 조직의 체질개선

③ 특혜금융 및 정책금융의 폐지 ④ 금융의 타율화

 금융의 자율화이다.

51 다음 중 국내에서 활발하게 거래되어지고 있는 옵션을 고르면?

① KOSDAQ 100 ② KOSPI 200지수

③ KOSDAQ 50 ④ KOSDAQ 150

 현재 국내에서 활발하게 거래되어지고 있는 옵션은 KOSPI 200지수이다.

52 다음 중 포트폴리오의 이론에 대한 내용으로 가장 옳지 않은 것은?

① 통상적으로 포트폴리오는 둘 이상의 투자자산의 배합을 의미한다.

② 이를 구성하는 목적은 분산투자를 통해 투자에 따르는 리스크를 최대화시키는데 있다고 할 수 있다.

③ 마코위츠에 의해 포트폴리오 이론이 처음으로 정립되었다.

④ 자본시장선은 무위험자산을 시장포트폴리오와 결합한 자본배분선을 말한다.

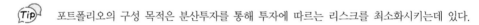 포트폴리오의 구성 목적은 분산투자를 통해 투자에 따르는 리스크를 최소화시키는데 있다.

53 다음 중 재무비율분석의 특징으로 가장 옳지 않은 것은?

① 기존의 회계정보에 의존하는 특징이 있다.

② 종합적인 분석에는 어렵다는 단점이 있다.

③ 기업의 경영성과를 용이하게 알아볼 수 있다.

④ 기업 조직의 재무 상태를 알아보기 어렵다는 문제점이 있다.

 재무비율분석에서는 상대적으로 용이하게 기업의 경영성과와 재무 상태 등을 알아볼 수 있는 특징이 있다.

54 기업이 은행으로부터 차입하거나 또는 자본시장에서 사채발행을 통한 자본조달을 무엇이라고 하는가?

① 부채
② 자본비용
③ 타인자본
④ 자기자본

 타인자본은 기업이 은행으로부터 차입하거나 또는 자본시장에서 사채발행을 통한 자본조달을 의미한다.

55 사채에 대한 내용 중 이자지급 유무에 따른 분류로 바르게 짝지어진 것은?

① 할인사채, 쿠폰부사채
② 담보부사채, 무담보사채
③ 무보증사채
④ 정시분할사채, 만기전액상환사채

Tip ② 담보유무에 따른 분류
③ 제3자의 보증유무에 따른 분류
④ 상환시기, 방법 등에 따른 분류

56 사채에 대한 내용 중 담보유무에 따른 분류로 바르게 짝지어진 것은?

① 무보증사채
② 할인사채, 쿠폰부사채
③ 담보부사채, 무담보사채
④ 감채기금부사채, 수의상환사채

Tip ① 제3자의 보증유무에 따른 분류
② 이자지급 유무에 따른 분류
④ 상환시기, 방법 등에 따른 분류

57 사채에 대한 내용 중 제3자의 보증유무에 따른 분류로 바르게 짝지어진 것은?

① 무보증사채
② 할인사채, 쿠폰부사채
③ 담보부사채, 무담보사채
④ 수의상환사채, 연속상환사채

Tip ② 이자지급 유무에 따른 분류
③ 담보유무에 따른 분류
④ 상환시기, 방법 등에 따른 분류

Answer ⟶ 50.④ 51.② 52.② 53.④ 54.③ 55.① 56.③ 57.①

58 사채에 대한 내용 중 상환시기, 방법 등에 따른 분류로 바르게 짝지어진 것은?

① 할인사채, 쿠폰부사채

② 담보부사채, 무담보사채

③ 정시분할사채, 만기전액상환사채

④ 무보증사채

 Tip ① 이자지급 유무에 따른 분류
② 담보유무에 따른 분류
④ 제3자의 보증유무에 따른 분류

59 다음 중 유통시장의 역할로 바르지 않은 것은?

① 유가증권의 공정한 가격의 형성

② 유휴자금의 산업자금화

③ 기업 경영평가 결과의 제공

④ 새로운 증권 가격결정시의 지표

 Tip 유통시장의 역할
• 유가증권의 공정한 가격의 형성
• 유휴자금의 산업자금화
• 새로운 증권 가격결정시의 지표
• 기업 경영평가 기준의 제공

60 다음 중 증권시장의 국제화에 대한 설명으로 가장 옳지 않은 것은?

① 증권투자를 목표로 한 자본이 국제 간 자유로이 유입 및 유출될 수 있도록 제도적으로 보장된 상태를 말한다.

② 단기적인 간접금융에 의한 자금조달이 가능하다.

③ 다양하다.

④ 증권시장의 개방은 자본시장 자유화의 마지막 단계를 의미한다.

Tip 장기적인 직접금융에 의한 자금조달이 가능하다.

61 다음 중 MM의 명제에 대한 내용으로 바르지 않은 것은?

① 기업 가치는 자본구조와는 무관하다.

② 부채의 증가에 의해 재무위험이 증가하며, 재무위험의 증가는 기업 주인인 주주들이 부담하게 되므로 자기자본비용의 상승을 초래하게 된다.

③ 투자안 평가는 자본조달과 관련이 있다.

④ 투자안 평가는 가중평균자본비용에 의한다.

(Tip) ③ 투자안 평가는 자본조달과는 관련이 없다.

62 다음은 현금흐름 추정 시 고려사항이다. 이 중 가장 옳지 않은 것은?

① 세금효과를 고려해야 한다.

② 증분현금흐름을 반영시켜야 한다.

③ 디플레이션을 반영시켜야 한다.

④ 매몰원가, 기회비용 등에 대한 명확한 조정을 필요로 한다.

(Tip) ③ 인플레이션을 반영시켜야 한다.

63 다음 중 나머지 셋과 다른 하나는?

① 원자재의 확보

② 재무적 자원의 통제능력

③ 자금조달능력

④ 재무적 자원의 배분능력

(Tip) ②③④ 기업조직의 자원 중 재무적 자원, ① 물적 자원에 속하는 내용이다.

Answer 58.③ 59.③ 60.② 61.③ 62.③ 63.①

MEMO

MEMO

서원각이 취업을 찢었다!

취업

봉투모의고사 **찐!5회** 횟수로 플렉스해 버렸지 뭐야 ~

국민건강보험공단 봉투모의고사(행정직/기술직)

국민건강보험공단 봉투모의고사(요양직)

합격을 위한 준비
서원각 온라인강의

요점만 담은
알짜이론

믿고보는
교수진

www.sojungedu.co.kr

공 무 원	자 격 증	취 업	부사관/장교
9급공무원	건강운동관리사	NCS코레일	육군부사관
9급기술직	관광통역안내사	공사공단 전기일반	육해공군 국사(근현대사)
사회복지직	사회복지사 1급		공군장교 필기시험
운전직	사회조사분석사		
계리직	임상심리사 2급		
	텔레마케팅관리사		
	소방설비기사		